Fritz Neumann

Zur Laut- und Flexionslehre des Altfranzösischen

Fritz Neumann

Zur Laut- und Flexionslehre des Altfranzösischen

ISBN/EAN: 9783337320188

Hergestellt in Europa, USA, Kanada, Australien, Japan

Cover: Foto ©Thomas Meinert / pixelio.de

Weitere Bücher finden Sie auf **www.hansebooks.com**

ZUR

LAUT- UND FLEXIONS-LEHRE

DES

ALTFRANZÖSISCHEN

HAUPTSÄCHLICH AUS PIKARDISCHEN URKUNDEN
VON VERMANDOIS.

VON

DR. FRITZ NEUMANN,

PRIVATDOCENTEN DER ROMANISCHEN UND ENGLISCHEN PHILOLOGIE
AN DER UNIVERSITÄT HEIDELBERG.

HEILBRONN.
VERLAG VON GEBR. HENNINGER.
1878.

KARL BARTSCH

ZU SEINEM FÜNFUNDZWANZIGJÄHRIGEN DOCTORJUBILÄUM

IN DANKBARER VEREHRUNG UND

TREUER GESINNUNG

DARGEBRACHT.

VORWORT.

Die folgende Arbeit sollte ursprünglich nur eine Darstellung der Laut- und Flexionsverhältnisse bieten, wie sie in den pikardischen Urkunden von Vermandois, welche Le Proux veröffentlicht hat, vorliegen. Ich will hoffen, dass ich nicht ohne Nutzen den Plan meines Buches etwas erweitert habe. Ich wollte nicht bloss sprachliche Facten und Materialien aus den Urkunden liefern, sondern war zugleich bestrebt, wenigstens einigen sprachlichen Erscheinungen — bisweilen auch über das Gebiet des Französischen hinaus — weiter nachzuspüren und nachzuforschen, dieselben näher zu beleuchten und hie und da einen Versuch auf dem von Romanisten noch wenig betretenen Gebiete der Spracherklärung zu machen. So enthalten S. 80 bis 102 einen Excurs über die Entwicklung von lat. pal. c und ti zwischen Vokalen in den romanischen Sprachen, für deren Doppelentwicklung zu tönender resp. tonloser Spirans ich die Erklärung und das Gesetz glaube gefunden zu haben. — Möchten meine Versuche in dieser Richtung freundliche Beachtung und Aufnahme bei den Fachgenossen finden!

Heidelberg, den 1. Mai 1878.

F. N.

EINLEITUNG.

Wenn wir uns unbefangen und ohne Voreingenommenheit Rechenschaft geben über unsere Kenntnisse der altfranzösischen Dialecte, wenn wir einen Vergleich anstellen mit den Fortschritten, welche z. B. die Erforschung altdeutscher Mundarten in letzterer Zeit gemacht hat, so können wir uns zwar über einige sehr tüchtige Leistungen freuen, müssen aber zugleich bekennen, dass noch unendlich viel, ja weitaus das meiste, zu thun übrig ist. Bei diesem Stand der Dinge wird wohl jede Detailuntersuchung und sei sie auf noch so kleinem und eng begrenztem Gebiete nicht unwillkommen sein. Derartige Arbeiten müssen erst vorausgehn, ehe umfassenderes unternommen werden kann.

Verhältnissmässig am besten steht es mit unserer Kenntniss des Altnormannischen. Hier bilden grundlegende Arbeiten wie G. PARIS' Abhandlung über die Sprache des Alexiusliedes, E. MALL'S Einleitung zu Philipp de Thaun, E. KOSCHWITZ'S Ueberlieferung und Sprache der chanson du voyage de Charlemagne à Jérusalem et à Constantinople ein sicheres Fundament für weitere Forschung. Weniger gut sind wir schon über den pikardischen Dialect orientirt. Wer sich mit demselben beschäftigt, wird stets auszugehen haben von den fast gleichzeitigen Untersuchungen über die flandrisch-artesische Mundart, die A. TOBLER in seiner Einleitung zum *Dis dou vrai aniel* (Leipzig 1871) S. XIX ff. und G. PARIS in seiner Alexius-Ausgabe S. 267 ff. niedergelegt haben: besonders lehrreich sind die vorsichtigen und gründlichen Aufstellungen des ersteren. Sehr viel kann man über den pikardischen Dialect aus Wendelin FÖRSTERS verschiedenen Textausgaben lernen. Cf. besonders seine Ausgabe des *Richars li biaus* (Wien 1874) S. VII ff. (cf. A. TOBLERS Rec. Gött. gel. Anz. 1874. S. 1029 ff., G. GRÖBER, Jen. Litz. 1875 Art. 155) und des *chevaliers as deus espees* (Halle 1877) S. XXXII—LX. (S. die ausführliche und inhaltreiche Recension von Adolf MUSSAFIA Zs. f. d. öster. Gymn. 1877.) Auch den trefflichen Artikel FÖRSTERS über STENGELS Durmart-Ausgabe ib. 1874. S. 134—162 darf derjenige nicht unberücksichtigt lassen, der sich über die Sprache der Pikardie belehren will. Eine Ergänzung zu der Einleitung des *Richars li biaus* bietet die Arbeit von Otto KNAUER, zur altfranzösischen Lautlehre (Leipziger Gymnasialprogramm 1876), die sich durch fleissige und gründliche Materialiensammlung auszeichnet. Sehr willkommen, weil sie auf der besten und zuverlässigsten Quelle aller dialectologischen Forschung, datirten und localisirten Urkunden beruhen, sind folgende zwei Arbeiten: NATALIS DE WAILLY, *Observations grammaticales sur des chartes françaises d'Aire en Artois* in der Bibl. de l'École d. chartes XXXII (1871) S. 291—320. Die Schrift hat freilich nur den Werth einer Materialiensammlung, aber dieser ist nicht zu unterschätzen. Es ist keine eigentlich sprachwissenschaftliche Untersuchung, sondern nur eine detaillirte Darstellung der Orthographie, wie sie in den Urkunden vorliegt; daher entspricht die Methode der Untersuchung und die Anordnung des Materials durchaus nicht den Anforderungen der heutigen Linguistik. Besser verhält sich in dieser Beziehung die zweite zu nennende Arbeit: GASTON RAYNAUD, *Étude sur le dialecte picard dans le Ponthieu d'après les chartes des XIIIe et XIVe siècles* (1254—1333), ebenfalls in der Bibl. de l'École des ch. XXXVII, S. 5—34, 317—57. (Auch separat erschienen Paris 1876.) Cf. die Recension von G. PARIS Romania VI, S. 614 ff. Der Verfasser hat durch seine Untersuchung trotz der vielfachen, gewaltigen Mängel seiner Arbeit die Kenntniss der pikardischen Mundart doch in willkommener Weise gefördert. Ich enthalte mich

hier weiterer Erörterungen über diese neueste Darstellung eines pikardischen Dialects, da ich dieselbe an anderer Stelle eingehender Kritik unterworfen habe. (cf. Jen. Literaturz. 1878.)
Am dürftigsten von allen sind unsere Kenntnisse des Burgundisch-Lothringischen bestellt. Was auf diesem Gebiete geleistet worden, ist in der That gering und von wenig durchgreifenden und entscheidenden Resultaten; cf. Dr. AUGUST FLECK, der betonte Vocalismus einiger altostfranzösischer Sprachdenkmäler und die Assonanzen der *chanson des Loherains*, (Marburg 1877.) S. 6 f. Aber wie die Frage, ob zwischen Altlothringisch und Altburgundisch Verschiedenheiten bestehen, bis jetzt noch keineswegs — auch nicht durch Flecks sonst gute Arbeit — endgiltig erledigt ist, so sind auch noch durchaus nicht nach allen Seiten hin die Fragen entschieden: „Wo ist die wirkliche Grenze des pikardischen Sprachgebiets gegen die sich südlich anreihenden ostfranzösischen Gebiete? Was ist an sprachlichen Eigenthümlichkeiten dem letzteren, was dem erstern ganz speziell und ausschliesslich angehörig? Was haben beide in dieser Beziehung gemeinsam?" Manches, was man lange Zeit hindurch für ganz und durchaus pikardisch hielt, z. B. der Gebrauch von *li* als Nominativ des fem. Artikel im Sgl., Infinitiv-Formen wie *ueïr*, *caïr*, Zurückziehung des Accents in der Endung -*iée* : -*íe* hat sich erst seit Kurzem als auch dem ganzen Osten (burg.-lothr. Dial.) eigen herausgestellt. Cf. unter anderm Zs. f. d. öster. Gymn. 1874 S. 136. (Förster.) Anderes wiederum, das man ausschliesslich fürs Burgundisch-Lothringische in Anspruch nimmt, müssen wir nach weiterer Untersuchung auch dem pikardischen Dialect oder zum wenigsten einzelnen Gebieten desselben zusprechen. Fast alle sprachlichen Erscheinungen, durch welche Förster an der eben citirten Stelle burgundische Herkunft des einen Copisten vom *Durmart le Gallois* zu erweisen sucht, werden auch auf pikardischem Boden, wenn auch einzelne nur strichweise angetroffen; so

parasitisches *i* im Ausgang -*aige*, Ausfall von *l* in *atre*, *atant*; *a* in unbetonter Silbe statt *e* ist nicht nur burg.-loth. und pikardisch, sondern auch gemeinfranzösisch und normannisch: cf. gemfr. *jaloux* u. a. m., norm. Beispiele in der Voy. de Charlem. *aspandere* 776 *asaier* 516 *ascarnit* 626 *astvus* 672 etc.; Koschwitz a. a. O. S. 24. Ebenso ist Auslassung von *r* vor Consonanten über das ganze afr. Sprachgebiet anzutreffen (cf. u.); *ei* für *e* aus *a* (*teil, queil*) wird unten auch für den ganzen östlichen Strich der Pikardie bis in den höchsten Norden desselben nachgewiesen werden.

Dass man bis jetzt noch nicht weiter als bis zu solchen schwankenden und wenig sichern Resultaten gekommen ist, hat seinen Hauptgrund in den Quellen, aus welchen bisher zumeist unsere Anschauungen über afr. Dialecte geschöpft worden sind: Denkmäler aus dem Gebiete der Literatur. Die Hindernisse und Hemmnisse, welche dieselben dem Character ihrer Ueberlieferung entsprechend wirklich erspriesslichen sprachlichen Untersuchungen in den Weg legen, sind schon oft erwogen und betont worden. Selten oder fast nie ist uns ein derartiges Denkmal in einer Handschrift erhalten, die zugleich der Zeit der Abfassung des Gedichts angehört: meist sind es spätere mit jüngeren Sprachformen. Noch seltener repräsentirt ein Manuscript den Originaldialect des Verfassers. Dasselbe wanderte durch die Hände von so und so viel Abschreibern, welche, statt die von ihrer Mundart abweichenden dialectischen Formen des Verfassers einfach buchstäblich wieder zu geben, dieselben vielmehr in die ihnen geläufigen Formen umsetzten. So liess jeder Copist Spuren seiner Sprache zurück. Da gilt es also erst in oft mühsamer Arbeit das, was dem Copisten an sprachlichen Eigenthümlichkeiten angehört, von dem zu scheiden, was dem Dichter zukommt. Das einzig sichere Kriterium aber für diese Scheidung bilden bekanntlich die Reime. Was aber diese an Anhaltspunkten gewähren ist im Grunde doch wieder verhältnissmässig sehr wenig: die Zahl der wirklich beweisenden und entscheidenden Reime ist, wie A. Tobler einmal (Gött. gel. Anz. 1874, S. 1031) sehr richtig bemerkt, in der That recht gering. Zuverlässig können in dieser Beziehung eigentlich nur die ganz rein reimenden Dichter der besten altfranzösischen Zeit gelten, und auch diese nur sehr relativ. Wie wenig sichere Schlüsse ein fahrlässiger Reimer gestattet, zeigt z. B. der Richars li biaus. Förster glaubt auf Grund der Resultate aus den Reimen den Dichter der französisch-belgischen Grenze, Tobler a. a. O. der Pikardie zuweisen zu müssen. Und wenn wir beide Ansichten und ihre Gründe gegen einander abwägen, so müssen wir gestehen, dass uns sowohl bei der einen wie bei der andern gleich viel für als gegen sie zu sprechen scheint. Die Zahl der sichern und entscheidenden Reime wird dann noch beträchtlich vermindert durch die vielen sprachlichen Licenzen, welche sich altfranzösische Dichter dem Metrum Assonanz und Reime zu Liebe gestatten (cf. H. Andresen's diesbezügliche Arbeit), und dadurch, dass selbst gute Kunstdichter sich nicht vor Mischreimen, Zwitterreimen (z. B. pik. *ch*: franz. *ch* und umgekehrt) scheuen. — Günstig sind wir noch gestellt, wenn in dem Denkmale bestimmte Anhaltspunkte für den Verfasser, seine Heimath und seine Lebenszeit an die Hand gegeben sind. Wir sind dann wenigstens in der Lage, das, was sich als sprachliche Eigenthümlichkeiten aus den Reimen ergab, bestimmt zu datiren und zu localisiren. Wie unsicher und vage sind aber die Resultate, wo solche Anhaltspunkte fehlen. Wie viele sprachlich recht interessante Denkmäler des XII. und XIII. Jahrhunderts giebt es nicht, wo wir uns begnügen müssen zu sagen: das Denkmal gehört dem oder dem Jahrhundert an oder, wenn es hoch kommt, der ersten oder zweiten Hälfte eines Jahrhunderts, wo wir zufrieden sein müssen, wenn wir es mit Bestimmtheit wenigstens einer grösseren Dialectgruppe zuschreiben können und nicht vor der Entscheidung zwischen zwei Möglichkeiten stehen zu bleiben verurtheilt sind. Was unter solchen Umständen für eine Grammatik der afr. Dialecte an sicheren Thatsachen gewonnen wird, ist wenig.

Von allen diesen Unzulänglichkeiten, die den Werth afr. Literaturdenkmäler für sprachliche Ausbeute und Untersuchungen in etwas herabsetzen, sind nun die Urkunden frei, und sie bieten daher das beste und kostbarste Material, aus dem wir klare und bestimmte Vorstellungen über altfranzösische Dialecte zu schöpfen im Stande sind. Dies hat mit sicherm Blicke schon FALLOT erkannt, wenn er zuvörderst handschriftliche und gedruckte Urkunden durchforschte und dann erst nach den hier gewonnenen Kriterien die literarischen Denkmäler classifizirte. Dass das Fallot'sche Unternehmen trotzdem unseren heutigen Anforderungen nicht mehr entspricht, hat seinen Grund darin, dass jener nicht hauptsächlich in einer wissenschaftlichen, sprachgeschichtlichen Untersuchung der Laute, sondern in der Formenlehre die linguistischen Merkmale für die einzelnen Dialecte suchte. Doch immerhin verdient sein Beispiel der sprachlichen Ausbeute von Urkunden durchaus Nachahmung [1]). In ihnen haben wir bestimmt datirtes und bestimmt localisirtes Material, Sprachdenkmäler, welche — nicht der Willkür von Abschreibern unterworfen, zu der Zeit der Datirung und an dem angegebenen Orte niedergeschrieben und in dieser Gestalt unverändert auf uns gekommen — rein und treu das Volksidiom der betreffenden Zeit und der betreffenden Localität wiedergeben. „Les chartes sont à l'abri de l'imagination ou du caprice des scribes; elles sont écrites sans prétention, dans un but d'utilité pratique, elles offrent donc la langue vulgaire dans toute sa vérité, et sont de beaucoup les sources les plus précieuses pour l'étude des dialectes." (Raynaud a. a. O. S. 54.) — Einige Inconvenienzen bieten freilich Urkunden auch; aber diese sind ihnen

---

[1]) Für das Lothr.-Burg. hat BONNARDOT schon anerkennenswerthes durch Publikation von Urkunden geleistet; cf. Romania I. S. 327 ff. (1872), Archives des Missions 3ᵉ s. t. I. (1873).

gemeinsam mit jenen Literatur-Denkmälern und kommen daher nicht zu Ungunsten der Urkunden in Rechnung. Sie liegen vor allem in der Unsicherheit der altfranzösischen Orthographie. Dieselbe ist durchaus individuell und in keiner Weise geregelt. Gesichtspunkte und Rücksichten manigfachster Art, bald die Aussprache, bald die Etymologie etc. lassen oft ein und dasselbe Wort hier unter dieser, dort unter jener Orthographie erscheinen. Die Schreiber, noch meistentheils gewohnt lateinische Urkunden zu Papier oder Pergament zu bringen, sind unsicher in der Wiedergabe der vulgären Laute. Dazu kommt das Schwanken zwischen alter und neuer Orthographie: die lautliche Entwicklung ist schon fortgeschritten, während sich noch das alte Zeichen erhält; daneben Versuche der neuen Aussprache in der Schreibweise gerecht zu werden. In allen diesen Punkten verhalten sich, wie bemerkt, die Literatur-Denkmäler durchaus nicht besser.

Es erhellt, glaube ich, aus dem vorhergehenden zur Genüge, welche eminenten Vorzüge und Vortheile Urkunden für sprachliche Untersuchungen bieten, wie weit mehr als alle andern Quellen grade diese geeignet sind zu sichern Resultaten und festen Anschauungen zu führen. Deswegen habe ich oben auch die Arbeiten von Natalis de Wailly und Gaston Raynaud besonders hervorgehoben. Durch eifrig fortgesetzte Herausgabe von Urkunden in der Volkssprache wird der altfranz. Dialectologie der grösste Dienst geleistet werden. Auch die folgenden Seiten sollen eine auf derartigen bestimmt localisirten und datirten Urkunden beruhende Untersuchung einer altfranzösischen Mundart liefern. Es handelt sich um den **südpikardischen Dialect von Vermandois**, spezieller noch des Arrondissement von St. Quentin, in der ersten Hälfte des 13. Jahrhunderts. Unsere Darstellung basirt auf Documenten aus den Jahren 1218—1250, die F. LE PROUX unter dem Titel: chartes françaises du Vermandois in der Bibliothek der École des chartes 1874 (Bd. XXXV) S. 437 ff. veröffentlichte. Ich citire dieselben ohne weiteren

Zusatz nach der Zahl I, II u. s. w. Die einzelnen Stücke sind bis auf wenige bestimmt nach Jahr und Monat datirt. Dem Inhalte nach sind es Verkaufs-, Schenkungs- etc. Urkunden, — nicht gerade zum Vortheil für unseren Zweck, da demgemäss dieselben Wortformeln fast in jedem Dokumente wieder auftreten, und hierdurch die Quantität des Materials sich verringert. Die unter Nr. LI veröffentlichte Urkunde (ein Vidimus Ludwigs des Heiligen vom Juni 1257) habe ich ganz unberücksichtigt gelassen, weil sie nicht pikardisch, sondern in reinem, dabei eleganten gemeinfranzösisch abgefasst ist. Die Art und Weise der Le Proux'schen Transscription befriedigt. Mit Recht stellt der Herausgeber die Forderung, dass derartige Texte, die bestimmt sind als Spezimina der Sprache einer bestimmten Zeit und Gegend zu dienen, möglichst treu nach dem Original wiedergegeben werden. Le Proux veranstaltete daher einen diplomatischen Abdruck mit Beibehaltung der *v* und *u*, der *i* und *j* und gestattete sich nur das Setzen von Interpunction und Apostroph, sowie Auflösung der Abbreviaturen. Wir hätten jedoch auch selbst dies lieber unterlassen gesehen, wenigstens wäre, was den letzten Punkt anbelangt, die Angabe der Stellen wünschenswerth gewesen, wo der Herausgeber Abkürzungen auflöst. Accente zu setzen hat er in lobenswerther Weise unterlassen. Diese vorstehend characterisirten Urkunden bilden das Hauptobject unserer Untersuchung. Mag die Ausbeute, welche dieselben in sprachlicher Hinsicht gestatten, auch vieles enthalten, was schon bekannt und speziell als pikardisch bekannt ist, so hoffe ich doch für manches neue, sichere Belege nicht ohne Nutzen beigebracht, dies und jenes in ein anderes Licht gerückt und fester umgrenzt zu haben. Der Hauptnutzen aber, welchen meiner Meinung nach solche Detailuntersuchung bieten kann, ist der, dass sie uns in Bezug auf eine beträchtliche Reihe sprachlicher Erscheinungen und dialectischer Eigenthümlichkeiten in den Stand setzt sicher zu sagen: So ist zu dieser Zeit an diesem Orte gesprochen worden. Und wenn dies in derselben Weise auch für weitere Gegenden desselben Sprachgebiets und für verschiedene Zeiten der Entwicklung constatirt ist — die Resultate aus den Reimen der Literatur-Denkmäler kommen unterstützend hinzu, — so wird sich aus solchen auf sicherm Material basirenden Untersuchungen leicht ein klares Gesammtbild einer ganzen Dialectgruppe herstellen lassen. Zu einer solchen umfassenderen Arbeit, einer Grammatik der Mundart des gesammten pikardischen Sprachgebiets, welche ich für später beabsichtige, mag das hier gebotene als Vorläufer angesehen werden. Möchte dasselbe eine nachsichtige Beurtheilung finden. Jenen grössern Plan zu reifen bedarf es aber vor allem noch fortgesetzter Herausgabe pikardischer Sprachdenkmäler, vor allen Urkunden.

Von einigem wenigen schon zu genanntem Zwecke aus pikardischen Urkunden gesammelten werde ich dieses und jenes, je nachdem es mir zur Illustration nicht ohne Nutzen erscheinen wird, beibringen. Ich erwähne hier einige der benutzten Urkunden-Publikationen namentlich zur Verständigung über die im weitern Verlauf der Arbeit dafür auftretenden Abkürzungen. So benutzte ich ausser den erwähnten sprachlichen Abhandlungen von de Wailly und Raynaud natürlich die dazu gehörigen Urkunden-Sammlungen: N. DE WAILLY, Recueil de chartes en langue vulgaire provenant des archives de la collégiale de Saint-Pierre d'Aire Bibl. de l'École des chartes XXXI (1870) S. 261 ff. (abgekürzt: Ch d'Aire A. B. C. u. s. w.); weiter RAYNAUDS chartes françaises du Ponthieu ib. XXXVI, 193—243 (auch im Separatabdruck), abgek. Ch. du Ponthieu. Oorkondenboek van Holland en Zeeland. Eerste Afdeeling bewerkt door Mr. L. Ph. C. VAN DEN BERGK I. Amsterd. und 'sGravenh. 1866. II. ib. 1873 (abgek. Oork. Holl. I. II.). Einige wenige Urkunden aus dem nördlichsten Theile pikardischen Sprachgebiets gewährt das Hansische Urkundenbuch, bearbeitet von Konstantin HÖHLBAUM. Band I. Halle 1876 (abgek. Hans. Urk.). Die kürzlich von J. COUSSEMAKER

(Lille 1877) veröffentlichten Documents inédits rélatifs à la ville de Bailleul en Flandre (abgk. Doc. Bailleul) konnte ich bis jetzt nur wenig und flüchtig benutzen. Ich unterlasse weitere Angabe der benutzten pikardischen Sprachdenkmäler etc.; Abkürzungen, die noch vorkommen, erklären sich von selbst.

Die Anordnung des Stoffes im folgenden bedarf keiner weitern Erläuterung. An einigen Punkten habe ich zur Erklärung der sprachlichen, besonders der lautlichen Erscheinungen etwas beizutragen versucht. Ich betone „versucht". Denn ich glaube, wir Romanisten thun gut offen zu bekennen, dass fast alle Bemühungen in dieser Richtung bei dem jetzigen Stande der Wissenschaft kaum über Versuche hinaus kommen können. Das schadet aber nicht, und diese Erwägung darf keinen, der es ernst meint, davon abhalten, dazu wenigstens ein Scherflein beizutragen. Ein umfassenderes Unternehmen einer Erklärung der sprachlichen Thatsachen wird erst dann möglich sein, wenn das Rohmaterial erst in grösserer Quantität und kritisch gesichtet vorliegt. Aber auch in dieser Beziehung sind wir noch immer in den Anfängen und Vorarbeiten begriffen. Man möge deshalb jedoch jene Versuche nicht als unzulässig und unzeitgemäss abweisen. Mag auch dieses und jenes noch zweifelhaft erscheinen, so kann es doch schon dadurch förderlich und nützlich sein, dass es zum vielleicht weiteres aufklärenden Widerspruch reizt.

LAUTLEHRE.

VOKALE.

A. Die bekannten Fälle, in denen sich lat. *a* erhält, treffen wir natürlich auch in unsern Urkunden an. Besonders zahlreiche Beispiele dafür aufzuweisen, wird unnöthig sein. Betontes lat. *a* in lateinischer oder romanischer Position erhält sich in *ante* XVI, 14; *arme* VI, 12; *atre* IV, 1; V, 35; *garbe* III, 12; *marc* I, 15 u. ö. *quarte* XX, 10; *sacent* I, 1; III, 1; V, 1. u. ö. etc.

Auch der geläufige Uebergang eines betonten lat. *o* (= afr. *ó*) zu *a* vor Nasalen (wie *é* durch *è* in *a* so auch *ó* durch *ò* in *a:* cf. Lücking, älteste fr. Mund. S. 110) findet sich: *dame* XXVII, 3; *medame* III, 2; *Nostre Dame* IV, 1. etc. Stengel, Durmart le Galois S. 519 nimmt für dieses *a* möglicherweise eine dumpfere Geltung in Anspruch; zur Stütze für diese Ansicht führt er an, dass *dame* im Durmart stets mit *roiame*, dessen *a* = nfr. *au* ist, reimt. Doch dies beweist nichts: mag urspr. *roialme* nach Auflösung des *l* auch *roiaume* mit dumpferm *au* ergeben, so spricht dies doch absolut nicht für ein dumpferes *a* in *roiame* mit bekanntem Ausfall des *l*. — *Capans* I, 10 gegenüber *capons* V, 12, 30, 74; IX, 19 ist wohl nichts als ein Lesefehler von Le Proux oder Schreibfehler des Verfassers der betreffenden Urkunde; *capans* ist eine gänzlich unmögliche Form; cf. G. Paris, Romania IV, 151. Cf. auch das häufige *dameisele*, wofür Ch. d'Aire B. 12 *demisielle* bieten, womit ebenda D. 7 *prechains* zu vergleichen.

Unbetontes *a* ist bewahrt in: *acatee* I, 3; *Adans* I, 1 u. ö.; *antain* XVI, 3; *aval* VII, 19; *baron* XXI, 11; *damages* XXXIX, 12; *gardin* VII, 6; *parle* I, 2 etc. Ob mit Raynaud, Étude etc. S. 56 in *damache* etc. ebenfalls wie in *dameisele* ein Uebergang von unbetontem *o* zu *a* anzusetzen sei, erscheint mir zweifelhaft. Die Littré'sche Etymologie aus *domacium*, *domaticum* verdient kaum Vorzug vor *damnaticum*. Formen mit doppeltem *m* wie *dammage* Ch. du Ponthieu X, 22; X, 24 u. sonst weisen auf *damnaticum* mit Assimilation des *mn*.

Einer besondern Besprechung bedarf die Behandlung der lat. Endung *-aticus*, *-atica*, *-aticum*. Dieselbe entwickelt sich gemeinfr. zu *-age*; daneben kommt aber bekanntlich dialectisch *-aige* vor, eine Form, welche man gerne für das Lothringisch-Burgundische speziell in Anspruch nimmt. Cf. über den Ursprung des *i* aus dem Nachbarlaute *ǧ* (auch *ch*) Joret, du C dans les langues rom., 59 f. und Darmesteter's Rezension darüber Rom. III, 395 f. Auf dieses *-aige* stossen wir auch in unseren pikardischen Urkunden bisweilen: es gehört also nicht so ausschliesslich jener Dialect-Gruppe an: *arieraiges* XXXVI, 22. *iretaige* XXII, 2 (cf. Ch. du Ponthieu *imaige* VIII, 17; *oumaige* XIV, 23). Gegenüber diesen immerhin ziemlich vereinzelten Formen überwiegt in ausserordentlichem Masse *-age: aage* XIII, 14; XXI, 12; *damage* XXXIX, 12; *iretage* XIII, 13. *kieuage* XXVII, 3; *mariage* XIII, 5. 13; XLIV, 9; *ostage* V, 43. 74 u. ö. *sauuage* V, 48. *temoignages* XXVI, 17; XLV, 1; *vendage* XXX, 6; XLIV, 10. Dazu stelle man *wage* XXVI, 5. *-aige* ist übrigens über das ganze pikardische Sprachgebiet verbreitet. Ausser den aus den Ch. du Ponthieu schon beigebrachten Beispielen cf. *dommaige* aus einer Urkunde des äussersten Norden (Flandern, Brügge) Hans. Urk. I. Nr. 833, Zeile 19 (vom Jahre 1279); ebenda vergl. *faiche*, das zu *saichent* Ch. du Ponthieu XV, 11; XXXII, 3 gestellt werden mag. In einer andern Urkunde aus ziemlich gleicher Gegend (Ardembourgh) Hans. Urk. I. Nr. 862 treffe ich dagegen nur *-age*: *couretage* 54, *usage* 101, *hostelage* 104, *bu*-

verage 89, *eschievinages* 110, *outrages* 22, Vergl. ferner *damaige* Ch. d'Aire G. 34; *yretaige* ib. G. 11, wogegen zahlreiche Fälle mit *-age*; cf. noch ib. *graice (graiche)* O. 25; P. 41. Einige pik. Urkunden des Oork. Holl. weisen ebenfalls *-aige* auf gegen überwiegende Schreibung *-age* z. B. *iretaige, vinaige* neben *tesmoinage* Bd. II, Nr. 505. (Valenciennes a. 1284.) Dagegen *hiretage* I, Nr. 447; *usage* ib.; *hommage* II, 666 u. s. w. In den doc. Bailleul cf. *vendaige* I, XXXI. (a. 1288), während ein paar Zeilen vorher *vendage*; und *-age* überwiegt auch hier bei weitem: *tesmoignage* XXIV, XXXVII u. ö. In späteren Denkmälern z. B. irt der dem Anfang des 15. Jahrhunderts angehörigen Chronique de Jean de Stavelot (hrsg. Bruxelles 1861), aus der Gegend von Lüttich finde ich fast ausschliesslich *-aige: hiretaiges* S. 277, *lengaige* S. 288, *usaige* S. 229 u. unzählige Beispiele. Eine Tirade in *-aige* s. die pik. Version des Alexiusliedes XCVIII (S. 314 der Paris'schen Ausgabe). Adenet bietet ebenfalls häufig *-aige*.

Das Resultat der vorstehenden Zusammenstellung wäre also: Neben der Hauptform *-age* findet sich über das ganze pikardische Sprachgebiet bis in den äussersten Norden auch das sonst einzig dem Burg.-Lothr. zugesprochene *-aige*, obwohl, wenigstens fürs 13. und 14. Jahrhundert, unvergleichlich seltener. Wie mag es sich mit der Aussprache in der Pikardie verhalten haben? Förster führt cheualiers as II espees S. XXXIV. aus Baud. Seb. Schreibungen wie *uisaedge, usaedge* an, aus dem cheualiers etc. *damege*. Dies spricht für die Aussprache *-ege* (gewiss *-ège*), und diese mag auf burgundisch-lothringischem Gebiete auch wohl gegolten haben. Dieselbe aber auch für die ganze Pikardie anzusetzen, möchten wir Anstand nehmen. Man darf doch nicht übersehen, dass die Schreibung *-age* in immensem Masse überwiegt. Wenn wir daher geneigt sind für das pikardische *-aige* und *-age* eine andere Aussprache als *-ege* anzunehmen, so braucht diese aber wegen des Uebergewichts von *-age* durchaus nicht etwa die durch diese Schreibung repräsentirte Lautung zu sein.   O. Knauer freilich will nach Jahrbuch VIII, 38 so (-*age*) aussprechen; er misst dem *i* in *aige* nur orthographischen Werth bei und erklärt es als mit *g* zusammengehörig: es hätte also hienach etwa dieselbe Geltung, die *i* unter Umständen (s. u.) in *in* (= *ñ*) und *il* (= *ĩ*) hat: *ig* = *ğ*. Ich möchte eine andere Auffassung äussern und für einen andern phonetischen Werth in der Pikardie mich entscheiden. In der Sprache unserer Urkunden sind der Zeit ihrer Abfassung gemäss die beiden Diphthonge *ai* und *ei* wohl schon in dem einen Laute *ę* zusammengeflossen; -*aige* hätte, wenn sein *ai* die gewöhnliche Lautung dieses Diphthongs gehabt hätte, ebenfalls der Aussprache nach -*ege* ergeben müssen. Zu einer Zeit nun, wo dieser Uebergang in der Aussprache vollzogen war, konnte sich freilich noch eine ältere Orthographie wie -*aige* ohne Anstoss erhalten. Eine Schreibung aber mit *a* (*age*) wäre man doch gewiss wegen des allzu grossen Contrastes mit der neuen Aussprache durch eine passendere Orthographie zu ersetzen m e h r bestrebt gewesen. Der phonetische Werth von -*age* und -*aige* im Pik. muss daher ein anderer gewesen sein. -*age* wurde mit palatalem *g* (*ğ*) gesprochen. Der *i*-Laut, den dasselbe an den vorhergehenden Vocal abgab, mochte zu jener Zeit noch von sehr geringer Quantität und sehr flüchtig gewesen sein, so dass ein Pikarde mit weniger geübtem Ohre denselben ganz überhörte und -*age* schrieb, während ein anderer, der feinhöriger war, denselben wahrnahm und durch die Schreibung -*aige* wiedergeben zu müssen glaubte. Man könnte diesen zwischen -*age* und wirklichem -*aige* liegenden Laut etwa mit -*a^{i}ge* bezeichnen.

Ein eigenthümliches *ai* liegt ferner vor in *Braibant* für *Brabant* XLVIII, 5, das auch anderswo begegnet. Unerwähnt darf auch nicht bleiben: *auns* I, 14 für *ans*, das nur einmal vorkommt; das *au* für *a* ist durch nachfolgendes *n* hervorgerufen, ein Vorgang, der ja bekanntlich dem Agln. durchaus geläufig ist (*maunder* etc.).

Was die Behandlung der lat. Ableitung -*alis* betrifft,

so trifft man natürlich auch in unsern Urkunden Lehnwörter resp. Lehnformen mit -*al* gegenüber Erbwörtern mit lautgesetzlichem -*el*. So *loial* XXVI, 11; XXXVIII, 3 gegen *Canel* V, 20; *Noel* VII, 10; IX, 9; XVI, 7 etc. (auch in der Form: *Noeil* V, 22 s. u.); *mortel* XV, 2 u. m.; cf. auch *estel* XXXII, 6.

Diese letztern Formen führen uns zur Erörterung der Behandlung von

é (*e* fermé) in unsern Urkunden. Ueber die Aussprache der verschiedenen *e é ê* geben Schreibungen in den Urkunden selbstredend kaum Aufschluss. Wir stimmen in dieser Beziehung mit dem überein, was Lücking älteste fr. Mundarten S. 91 ff. über die Lautwerthe des Buchstaben *e* entwickelt hat. — Geschlossenes *é* entsteht bekanntlich aus kurzem oder langem lat. *a* in betonter, aber zugleich offener Silbe, d. h. vor einfacher Consonanz oder vor einer Consonantengruppe, welche in der Aussprache den Anlaut der folgenden Silbe bildet. Solche Gruppen hat aber das Lateinische nur in der Form von *Muta* + *r* aufzuweisen: Vor urspr. Dentalis: *acatee* VII, 2; *ble* XXII, 11; *deles* XI, 3; *gre* XXXVI, 3; *mencoudee* III, 4 u. ö.; *nomee* XI, 7 u. ö.; *sestrelees* (mlat. *sexterlata* DC.) XXX, 4; *volente* II, 4; XIII, 6 etc. Vor einf. *r*: *mener* XXII, 19, 22 u. ö. und viele andere Infinitive der 1. Conj.; *clamerent* VIII, 5; XI, 12; *greerent* XXXVII, 20 (*-arunt*). Urspr. *Muta* + *r*: *freres* XIV, 2. *mere* IV, 4; u. a. m. Vor *l*: *estel* XXXII, 6; *quele* XIII, 3 u. ö.; *tel* XV, 2 u. ö.

Für dieses *é fermé* aus *a* tritt nun sehr häufig auch *ei* in unsern Urkunden und, wie wir sehen werden, noch über einen weitern Theil des pikardischen Sprachgebietes verbreitet auf. Es wird aus dem folgenden hervorgehen, dass dieser Lautentwicklung eine weit grössere Verbreitung zuzuschreiben ist, als man bislang nach Diez Gram. I³ 125 ff. zu thun geneigt war. Sie ist nicht nur dem Burg.-Lothringischen und eigentlichen Französisch, sondern ebenso dem ganzen östlichen Strich der Pikardie bis zum höchsten

Norden eigen, während ich sie andrerseits in Urkunden aus dem Westen (Ponthieu und Aire) nicht antraf. — Diese Diphthongierung zu *ei* findet in ganz derselben Weise ihre Erklärung wie gewisse andere Diphthongierungen, von denen E. Sievers gelegentlich Jenaer Literaturz. 1874 Art. 145 spricht: *ei* ist die „secundäre Folge einer unter dem Einfluss des Accents stattfindenden Dehnung" des einfachen Vocals, die leicht ersichtlich nur in offener Silbe (s. o.) statthaben kann. — Geben wir zuvörderst in folgendem das Material.

Die Urkunden von Vermandois bieten unter denselben Verhältnissen, vor denselben Consonanten wie oben *é*, auch *ei*: Vor ursprünglicher Dentalis: *deleiz* V, 28, 36; *douneis* XXXVIII, 10; *jureis* XXXVIII, 3. V, 27; *jureie* XLIV, 16; *jureeis* XLIV, 11; *ueueie* XXXVII, 2; *mencoudeies* III, 10. Vor einf. *r*: in der Infinitiv-Endung: *assorbeir* XLII, 3; *deuizeir* XLIII, 6; *douneir* XXXVIII, 10; *prouueir* XLIV, 1 u. s. w. — *clameirent* XXIX, 2; XXXVII, 10; XL, 2; *parleirent* XXIV, 2 u. ö. Grade in diesen 3. P. Plur. Perf. zeigt das Lothringische und Burgundische viel mehr Vorliebe für reines *é*; cf. Fleck, betont. Vokalismus S. 11 ff. Die südlothr. Handschrift E der Chanson des Loherains (Roman. Studien Heft IV, S. 442 ff.) zeigt in diesem Falle nie *ei*. Vor *Muta + r*: urspr. *t + r: freires* XXXII, 11; XXXIV, 9 XXXVII, 4; XL, 2 u. viele Male noch; *meire* III, 6 u. ö.; *peires* XXXV, 10 u. ö. Labialis + *r*: *Feivre* XXV, 3. — Vor *l*: *auteil* XXXIV, 11; *teil* XXXIV, 8; XXXVII, 19; *cateil* VI, 9 u. ö.; *Noeil* V, 7. 13. 22. — Auch *ert* (= lat. *erat*), dessen *e* ja auch zu *é* zählt (cf. Alexiusl. ed. G. Paris S. 50) tritt in der Form *eirt* V, 7 auf; cf. dazu den Reim *eire: mateire* im Münchener Brut ed. Vollmöller und Hofmann v. 205. 6. Ferner *Homeirs* ib. v. 1562 (nicht im Reim).

Dazu aus Urkunden und Denkmälern anderer Gegenden: So Hans. Urk. I. Nr. 833 *alleveit* 13; *noveleteit* 13 (beide auch noch mit der alterthümlichen Erhaltung des ausl. *t*; s. u.), gegenüber *volente* 10; ferner ib. 7 *teil*, also die Form im höchsten Norden der Pikardie, die man oft und gern als ganz speziell burgundisch erklärt (cf. Förster, Richars li biaus S. X). Nr. 862. *arresteis* 36, *monstreit* 46, *fauseteit* 56, *volenteit* 55, *mauvaisteit* 101, *amendeit* 53, *veritei* 57 gegenüber *seurte* 130, *arrestes* 41 (5 Zeilen vorher *arresteis*). Eine reiche Ausbeute gestatten die pikardischen Urkunden des Oork. Holl. aus den Jahren 1245—1290 und durchweg aus dem Hennegau und Flandern: Vor Dent.: *ameis* II. Nr. 479. *ainsneis* II, 667. 668. *deviseit* II, 612. *donneit* II, 505. 612. *estei* II, 666. *expresseit* II, 479. *feautei* II, 666. *jurei* II, 714. *nativiteit* II, 505. *nommeis* II, 478. 479. *seurtei* II, 714. *Trinitey* II, 450. *volentei* II, 714, etc. Vor *r*: *aleir* II, 612. 666. *amendeir* II, 612. *ordeneir* II, 718. *sauveir* II, 666. Vor *l*: *auteil* II, 667. *teil* II, 612. *lesqueles loys sunt telles* II, 668. *queil* ib. *lequeil* II, 723 u. s. w.; *queils* II, 612. 667 u. s. w. Mussafia weist Zs. f. roman. Phil. I, 406 darauf hin, dass die Hs. des Münchener Brut vor *ls* einfachem *e* den Vorzug gebe: *morteil* und *mortels*, *teil* und *tels*, *queil* und *quels*, 657 *pels* (= *palos*), nur einmal *teis*. Letztere Form mit *ei*, aber ausgefallenem *l* begünstigt das Lothringische. Cf. Hs. E. der Ch. d. Loh. (Böhmers Stud. I.) *teis* 486, 27; 488, 10; *iteis* 481, 25; 513, 19; *osteis* 528, 25; *morteis* 458, 14 u. ö. Moral. in Job fragm. (ed. Förster) *teis* 300, 31; ib. 299, 29 *queilz*. Gregors Dial. *queis* 84, 8 u. an versch. Stellen. Bernh. Predigten haben jedoch *tels*, *quels* u. s. w. — Gleich neben *jurei* Oork. Holl. II, 714 steht *fiancie*, neben *nommeis* ib. II, 479 *paie*, neben *nommei* ib. 723 in derselben Zeile *aloies*. Förster behauptet Zs. f. d. österr. Gymn. 1874. S. 137 Anm. 4 (cf. Gregoire lo Pape S. IX.), dass *e* nicht zu *ei* werde, wenn ein *i* vorausgeht. So gefasst ist die Regel zu unbestimmt und zweideutig. *I* vor *e* schlechtweg ist dem Eintritt von *ei* für *e* noch durchaus nicht hinderlich: cf. z. B. Ch. des Loherains Hs. E. (Böhmers roman. Studien I, S. 441 ff.) *criei* 444, 28; *crieir* ib. 490, 3; *escrieir* 492, 12. *deficis* 499, 7; *fieir* 536, 29; *oblieir* 470, 14; 513, 26 u. ö. — *crieir* Greg. dial. 12, 4; *fieie* (*viata* von *via?*) Bernh. Pred. 523, 27; 527, 33. Etwas anderes ist es, wenn *i* derselben Silbe angehört; d. h.: wenn der Diphthong *ie* = *é* für *a* unter den bekannten Bedingungen vorliegt, tritt in Denkmälern, die *ei* = *a* (= *é*) haben, nicht etwa *iei* ein; deshalb *fiancie paie* (= *paiie*) u. s. w. Doch hat dieser Satz nicht absolute Gültigkeit: cf. *oieis* Ch. des Loher. Hds. E. 453, 22; *soieis* ib. 444, 22 u. s. w.; s. Fleck a. a. O. S. 18 u. ö. Auch *-ier* = *-arius*, *-arium* (*-erium*), *-iere* = *-aria* weist bisweilen *iei* auf: *psautieir* loth. Psalmen (Le Roux, Quatres livres d. rois p. XL ff.) 7, Anm. 3, 2⁰; *paumieir* ib. 56. *manieire* ib. 40. Das Doc. en Patois Lorr. ed. Bonnardot Rom. I. 340f. hat *merseclieir* VII, 49. — Doc. Bailleul bieten Nr. XXIV: *osteil, teil, teile, aleir, livreir, noumei, saieleir;* XXXI, *aisnei;* XXXV, *queils* u. s. w. Spätere Denkmäler, wie die Chronique de Jean de Stavelot (Lüttich 1400) haben fast durchaus *-eit: declareit* 177; *-eir: jetteir* 177. *peire* 186; *liqueis* 187, *les queiles* 347, wie sie auf jeder Seite zu finden.

 Diese Beispiele sind alle aus Urkunden entnommen, die dem östlicheren Theile der Pikardie angehören: Flandern, Hennegau, Vermandois etc. Dagegen hat eine Untersuchung der Ch. d'Aire und der Ch. du Ponthieu, die beide dem Westen, dem der Normandie zugewendeten Theile der Pikardie, angehören, kein einziges *ei* für *é* ergeben, sondern immer reines *e*. Durch diese Thatsache erleidet die Behauptung Försters in der Einleitung seiner Ausgabe der *Dialoge Gregoire lo Pape* s. IX, dass dies *ei* für *é* sich in gleicher Weise im Burgundischen, Lothringischen, Pikardischen (Lüttich) finde und selbst bis in die Normandie hineinreiche, insofern eine Einschränkung, als die letztere von dieser Gruppe wohl einstweilen auszuschliessen ist. Käme wirklich sicher *ei* für *é* aus *a* im Normannischen auch vor, wie Förster meint, so muss man bei der sonstigen Continuität der Mundarten sich doch wundern, dass diese gerade in Bezug auf die vorliegende Erscheinung durch die Dialecte von Ponthieu und Aire durchbrochen wäre. So lange jedoch das Vorhandensein des *ei* für *é* in der Normandie nicht aus bestimmt localisirten

Urkunden erwiesen ist, und die Annahme derselben einzig auf der Schreibung in Handschriften von Literatur-Denkmälern beruht, darf man sich wohl einige Zweifel erlauben. So werden denn die *ei* in normännischen Sprachdenkmälern (z. B. in dem von Förster a. a. O. citirten *Roman du Mont saint Michel*) und selbst — wenn man jenes Verhalten der Ch. du Ponthieu und d'Aire in Rechnung zieht — in Dichtungen, die wahrscheinlich auf der Grenze zwischen Normandie und Pikardie ihre Heimath haben (cf. Münch. Brut, Vollmöller S. XXII.), einer neuen Ueberlegung bedürftig sein: ob sie dem Dichter, ob dem Schreiber angehören. Wir würden uns einstweilen für das letztere entscheiden. Schade ist, dass Vollmöller in Bezug auf den Brut diese Frage keiner Erwägung unterzogen hat.

Die Ansicht Försters a. a. O., dass das burgundisch-pikardische Sprachgebiet im grossen Ganzen dieselben lautlichen Erscheinungen aufweise, erfährt durch die vorstehenden Belege wenigstens in diesem einen Punkte für eine bestimmte Gegend eine unantastbare Stütze. Diese grössere Verbreitung von *ei* für *ę* erklärt denn auch jetzt, weshalb die entsprechenden Wörter, wenn sie im Mhd. und Mndl. auftreten, so häufig in der Schreibung und Lautung *ei* erscheinen, woraus eigentlich schon umgekehrt auf eine weitere Verbreitung dieser Aussprache auf französischem Boden geschlossen werden durfte; cf. z. B. *lameir* Gottfrids Tristan 11998, 12014 u. ö.; *moraliteit* ib. 8012, 8023 im Reim zu *unmüezekeit*, die für ein lothringisches *ei* = *ę* sprechen. Für die Aussprache *ei* in der Pikardie speziell beweisend ist die Wiedergabe des Lautes durch *ei* im Mndl. So z. B. im Parten. und Melior ed. Massmann dem franz. *vallée* entsprechend *valeie* 76, 19 u. a. m.

Die andere Abart von geschlossenem *ę* : *ie* unter den bekannten Bedingungen siehe später bei *ie*.

Offenes *e (ę)* entsteht aus lat. *e* und *i* in Position. Aus *ę*: Vor *r* + Cons.: *clers* XXIX, 15, *terre* I, 12 u. ö., *terme*

X, 12, *Herbers* V, 34. Vor *s* + Cons.: *fenestres* XXIV, 4; XLII, 4, 5. *Prestres* V, 7 u. ö. Vor *Gutt.* + *Cons.*: *sestrelees* XXX, 4 und sonstiger Position: *capele* XXXIII, 2, 5, auch *Esteuenes* IV, 2 u. ö. etc.; *acesmemans* XLVIII, 4; woher die fürs französische ganz abnorme Entwicklung mit *c* aus *adaest.*? cf. auch die Schreibung *asesmemans* XLVI, 4; ist das Wort wirklich heimisch im afr. oder Fremdwort aus dem prov. *asesmar*? Aus *i*: *requerre* XXII, 38; *Ermentru* XXVII, 3; *Ermengart* I, 6; *ferme* II, 24; *uergues* III, 4. 7; *letres* XXX, 7; *sael* II, 25 u. ö.; *des* VI, 13 etc. Zu beachten ist, dass, während sonst in einigen Gegenden der Pikardie lat. *e* in Position (bisweilen auch *i* in Position) *ie* ergiebt, dies für unsere Urkunden durchaus nicht gilt (s. u.).

Eine besondere Erwähnung verdienen die auf lat. *ille*, *ecce ille*, *ecce iste* zurückgehenden Pronominalformen. Statt der gewöhnlichen Formen *elle*, *celle*, *ceste* finden sich auch solche mit erhaltenem *i*.

eles V, 5; *ele* V, 11; VI, 23 u. ö. gegenüber *ille*: IV, 8; VI, 20; IX, 15; XI, 3; XII, 3; XXI, 15; XXIII, 4.

cel VII, 12 gegenüber *cil* V, 1; VI, 1; XXXVIII, 1 etc. *cele* V, 10, 53; XI, 6; XIV, 7; gegenüber *cille* IV, 9; XIV, 6, 7; (ib. gleich daneben *cele*) XXXIX, 8.

ceste II, 8; V, 42; VI, 7, 10 gegenüber *ciste* XVIII, 10; XIX, 12; XLII, 8 u. s. w.

Das sog. *e féminin* („*tonique*", Raynaud, S. 58) findet sich in einigen einsilbigen Wörtern wegen ihres proklitischen Gebrauchs. Wenn man sich dabei des von Sievers Jen. Literaturz. 1874 Art. 145 aufgestellten Satzes erinnert, wonach die durch den Satzaccent zusammengehaltenen Wörter eines Satzes in der gesprochenen Sprache ebensogut eine Einheit bilden wie das einzelne Wort, so haben jene einsilbigen Wörter im Zusammenhang des Satzes durchaus den Werth einer unbetonten Silbe. Es handelt sich demgemäss im Afr. um ein *e féminin* nur in tonlosen Silben, und man sollte daher auch nur von einem solchen sprechen. (Cf. dagegen Raynaud,

Étude etc. S. 57: „*é féminin est ou atone ou tonique*". — Hierher gehört zunächst: *ie* XLVIII, 5, welches die Ch. du Ponthieu zahlreich aufweisen. Unsere Urkunden von Vermandois haben meist *jou* II, 1, 11, 13, 16, 25; XXII, 28; XLVIII, 6, nicht nur, wo es wirklich durch eine stärkere Betonung ausgezeichnet ist (z. B. *Iou Wistasses, cheualiers et sires* u. s. w. II, 1. *Iou Loeis coutres* etc. XXII, 28.), sondern auch, wo es rein proklitisch steht (z. B. *ces hostes iou ai otrie a Johan* II, 11. *que iou prenderoie* ib. 16. XLVIII, 5, 6 . . . *que ie mandai en Fl. qe iou ai reuendu* u. s. w.; am liebsten scheint *je* nur vor consonantischem Anlaut zu stehen, *jou* vor vocalischem und consonantischen). Ferner *che* I, 1; II, 21; XXII, 26; *ce* V, 17 gegenüber *chou* II, 16, 23, 24; XXII, 18; *cho* VI, 16; *cou* XXVI, 5; XXXI, 9; XLVI, 8, 9.

Speziell dem pikardischen Sprachcharacter gehört alsdann an, dass die gemeinfr. Formen *la ma sa* des Fem. vom Artikel und Pron. poss. durch *le* (dafür *li* im Nominativ Sgl. durch Uebertragung aus dem Masc., dagegen der cas. obl. *le*; s. u. bei der Flexionslehre), *me, se* vortreten werden.

le I, 4, 6, 12; II, 5, 12; III, 15; IV, 11; V, 16; VI, 12; VII, 5; XI, 4; XIV, 4; XXII, 9; XXVI, 13; XXX, 2; XXXII, 4; XXXIX, 15. Für den Nom. *li* cf. noch V, 10, 19, 53, 58; XX, 3; XXVI, 5, 14; XLIV, 11; XLV, 14 etc. *La* steht oft dicht neben *li*, z. B. *li iustice et li eskieuin* und eine Zeile weiter: *la iustice et li eskieuin* XXXV, 2, 3.

me: medame III, 2; *me:* II, 4; XLVI, 9; XLIX, 1 u. ö. Auch der masc. cas. obl. *mon* tritt proclitisch in der geschwächten Form *men* auf; s. u. unbetonte Vokale.

se: I, 2, 7; II, 3; III, 3, 6; V, 18, 35; VI, 6; VII, 2; IX, 2, 14; XII, 2; XLV, 11.

I. Altfranzösisches *i* entsteht

1) aus lat. langen betonten *i* resp. *i* in Position. Beispiele in unsern Urk. sind natürlich sehr zahlreich. Vor Dental.: *kapitle* IV, 14; *seruice* II, 12. Vor *s*: *mis* V, 26; *mize* V, 58; *mise* VI,

21; *mist* XXIII, 2; *deuis* XV, 2. Vor *Gutt.: si* XXXVII, 3 u. ö.; *ausi* VI, 7; *ensi* VI, 12; *Remi* II, 13; *devandi* II, 14. Vor *Lab.: escrit* II, 25; *meisme* V, 53. Vor *l: fil* an versch. Stellen, *fille* V, 58 u. ö.; *uile* VI, 18. Im Auslaut: *qi* IV, 3 u. ö. Dazu *si* (= *si*, wenn) XLI, 4 u. ö.; doch daneben oft in der Form *se* X, 6; XIX, 11; XXI, 9.

2) Aus langem *e* in betonter Silbe entsteht afr. *i* in *eglise* VII, 15; *iglize* V, 14, 15, 37; *prist* XI, 6; *auint* IV, 5. Ferner ergiebt im pikardischen Dialect, wie auf dem ganzen ostfranzös. Sprachgebiet (s. Einl. S. 3) die Infinitiv-Endung der 2. Conj. -*ēre* oft -*ir*; cf. *eschaïr* XXXIV, 8; dazu *escaïr* Ch. du Ponthieu XXII, 20; *goïr* ib. XI, 11; XVI, 35. Wie weit dies -*ir* auch dem Burgundisch-Lothringischen angehört, bedarf noch näherer Untersuchung. Meist treffe ich in ostfr. Denkmälern -*oir: chaoir* Hs. E. der chans. des Loh. (Böhmer's Studien I.) S. 466, 25; *veoir* ib. 493, 2; *ueoir* Greg. Dial. 6, 12. Serm. de St. Bernh. 528, 20; *cheoir, veoir* öfter in den von Bonnardot veröffentlichten chartes franç. de Lorrain u. s. w. In Betreff der Behandlung von -*ēre* in ältester Zeit cf. Lücking, die ält. fr. Mund. S. 85.

Das speziell pikardische *mi* für *moi* (= lat. *me*) steht II, 8, 12, 23 u. ö. Daneben *moi* II, 11.

3) Aus kurzem betonten *e* entsteht *i* nur unter ganz bestimmten Bedingungen, nicht, wie Raynaud, Étude etc. S. 58 zu glauben scheint, unbedingt. Beachte in *sires* II, 1; III, 1; XXX, 7; *parmi* VII, 10; *demi* IX, 17; *demie* XXXIX, 6; *mi* I, 11, dass überall ursprünglich ein Cons. + einem in Hiatus stehenden *i* folgte.

Das eigenthümliche Schwanken zwischen *hiretage* und *heritage*, das Raynaud a. a. O. S. 60 aus den Ch. du Ponthieu so zahlreich belegt, ist auch unsern Urkunden nicht fremd: *eritage* LI, 74 gegenüber dem häufigeren *iretage* III, 6; IV, 3; VII, 12; IX, 2; XVIII, 8; XLII, 8; cf. das merkwürdige *ireutage* II, 21 *(yretaige* Ch. d'Aire G. 11; *iretavlement* ib. A. 30; C. 21).

Hier, beim *i*, will ich auch noch einiger Erscheinungen gedenken, die zwar eigentlich in das Gebiet der Diphthongierungen gehören, welche aber vielleicht ebenso passend hier abgehandelt werden können, da der Vocal *i* die Hauptrolle bei dem betreffenden Vorgange spielt. Es handelt sich hier um eine lautliche Thatsache auf altfranzösischem Gebiete, um Veränderungen von Vokalen, hervorgerufen durch ein nachfolgendes *i*-Element, welche sich, wie bereits mit Recht betont worden ist, ganz gut mit dem deutschen Umlaut vergleichen lassen und die auch in derselben Weise, wie letzterer neuerdings durch Scherer, zur Gesch. d. deutsch. Spr. S. 143 und Sievers, Verhandl. der Leipziger Philologen-Versammlung 1873 S. 189—193 ihre Erklärung finden. Ich meine die Affizirung eines Vokals unter dem Hinzutritt eines parasitischen *i*, mag sich dieses *i*-Element nun direct aus einem nachfolgenden mouillirten oder palatalen Consonanten erklären, von dem es sich loslöst, um mit dem vorhergehenden Vokal zu verschmelzen, — Fälle, die man bis jetzt durch Erweichung von Consonanten erklärte — oder mag es seinen Ursprung erst aus einem nachfolgenden, im Hiatus stehenden *i* herleiten (Attraction). Eigentlich handelt es sich aber in beiden Fällen um ein und dasselbe, nämlich um die Loslösung eines *i* aus einem mouillirten oder palatalen Consonanten. Nur darin besteht ein Unterschied, dass der letztere in zwiefacher Weise entstehen kann: einmal durch Assimilation und gleichsam gegenseitiges Entgegenkommen zweier Consonanten verschiedener Artikulationsstellen, z. B. *k-t* : *t́-t́* in *adfactare*: **affattare* : afr. *affaitier*; *c-s* : *śś* in *laxare = lacsare* : **lassare* : afr. *laissier*; — bisweilen ist schon der eine von beiden Consonanten urspr. palatal; cf. z. B. *plak'itum (placitem)* und seine roman. Responsionen, — das andere Mal ist eben in dem folgenden, in Hiatus stehenden *i* die palatalisirende, mouillirende Kraft zu suchen : z. B. *mŭsione* : **mażone* : fr. *maison*; *nausea* : **nauśa* : **noża* : fr. *noise* etc. Ich verweise über diesen Punkt im allgemeinen auf die scharfsinnigen

Ausführungen Vilj. Thomsens: *Remarques sur la phonétique romane: L'i parasite et les consonnes mouillées en français*, in den Mémoires de la Société de Ling. T. III. S. 106—123, die mit Recht schon mannigfache Zustimmung erfahren haben (z. B. von Havet, Rom. VI, 323). Nur zu dem zweiten Fall möge man mir noch einen kleinen Excurs gestatten.

Es geht hier diejenigen i-haltigen Diphthonge an, welche man gewöhnlich durch *Attraction* oder *Transposition* oder, wie der allgemein sprachwissenschaftliche terminus technicus ist, durch *Epenthese* eines i entstanden erklärt. Dass diese Erklärung den lautlichen Vorgang zu einem recht äusserlichen macht, und nur ein zeitweiliger Nothbehelf sein konnte, liegt auf der Hand und wird man zugeben. Sievers a. a. O. S. 191 behauptet mit Recht — und dieser Satz hat allgemeine Gültigkeit, auch fürs Romanische —, dass kein Vokal über einen oder mehrere Consonanten hinweg einen directen Einfluss auf einen andern ausüben kann, sondern dass stets der Consonant den Vermittler spielt. Um das i-Element vermittelnd dem vorhergehenden Vocal aber zuführen zu können, war eine vorläufige Assimilation der Klangfarbe des Consonanten selbst an das i von Nöthen (cf. auch Sievers, Grundzüge der Lautphysiologie, S. 138; §. 31. a. Anm.). Eine solche Assimilation an i hat aber stets einen mouillirten Consonanten zur Folge, Laute wie sie besonders in den slavischen Sprachen ausgebildet sind, die bekanntlich „zwei vollständig getrennte parallele Consonantenreihen, harte und erweichte, oder deutlicher unmouillirte und mouillirte" unterscheiden. Diese so modifizirten Consonanten zwingen nun ihrerseits wiederum den vorhergehenden Vocal zur Assimilation an ihren i-Gehalt, und so entstehen i-Diphthonge vor ihnen. Thomsen zieht nicht die letzten Consequenzen seiner Erklärung, was bei seinem sonstigen schneidigen Vorgehen zu verwundern ist. So erscheint es mir wenigstens als inconsequent, wenn er, der im übrigen die Ausdrücke „Attraction", „Transposition" etc. für „*un peu vague*" erklärt und die damit bezeichneten Erklärungsversuche verwirft, doch in einzelnen Fällen, „*dans des limites étroites*", wie er sich S. 108 seiner genannten Abhandlung ausdrückt, einen derartigen Vorgang zugiebt. Nach ihm findet sich nämlich Transposition eines *i* vor Labialen z. B. in fr. *coiffe* = *coffia*, afr. *saive* = *savie*, *glaive* = *glavie;* einige Male auch vor *r* wie in *gloire* für älteres *glorie* (= engl. *glory*), endlich vor *n* in *chanoine* = älterem afr. *canonie*, *moine* = *monio*. Die Inconsequenz besonders im letzten Falle *(n)* liegt auf der Hand. Dass hier der oben characterisirte Vorgang auch in *chanoine*, *moine* statthat, erhellt aus der zahlreich auftretenden handschriftlichen Schreibung *canongne, canogne,* dann *chanoigne; mongne, mogne,* dann *moingne* (cf. *chanuigne* : *muigne* : *testemuigne* : *Burguigne* etc. Rom. de Rou 833 ff. Andresen s. 69). Weshalb Thomsen auch bei *r* Anstoss nahm, ist unersichtlich. Thomsen fühlt übrigens die hier begangene Inconsequenz, wenn er S. 122 fragt, ob nicht auch bei *r* + *i (y)* ein vermittelndes *r'* (= dem lit. *r*) anzusetzen sei. Mit Recht entscheidet er sich an dieser zweiten Stelle für Bejahung jener mit ungerechtfertigter Reserve — wie es mir scheint — aufgestellten Frage. Aber ebenso hätte er noch einen Schritt weiter gehen sollen und durch Hereinziehung auch der Labialen den Kreis schliessen dürfen. Dass in den modernen romanischen Sprachen keine mouillirte Labiale mehr nachzuweisen ist, spricht ebensowenig gegen die Berechtigung dieselbe einmal für frühere Zeit anzusetzen, wie Thomsen durch die Nicht-Existenz mouillirter *t' d'* etc. ein früheres **affatiare, *freddo* etc. in Zweifel gesetzt erachtet. Die Mouillirung der Consonanten schwand — bis auf wenige — ebenso im Romanischen wie im Germanischen beim Umlaut. (cf. die Sievers'sche Reihe: *scôni : scóńe : schoeńe : schoene.*) Dass mouillirte Labiale aber unter Einfluss eines *i* entstehn, und diese wieder auf vorhergehende Vokale assimilirend thatsächlich wirken können, dafür vergl. man die von Sievers a. a. O. S. 190 aus dem Russischen beigebrachten Beispiele, z. B. *sl'äpoj*, aber *sl'epit'*.

Nach dieser Berichtigung und Erweiterung von Thomsens Gesetz komme ich zu einem Spezialfall von epenthetischem *i* [1]): der Behandlung nämlich von lat. *-arie, -orie, -anie, -onie, -unie, -alie, -ilie*. Was die Behandlung dieser Lautgruppen in einer grossen Reihe von Wörtern als einen Spezialfall erscheinen lässt und die Trennung derselben von den andern Beispielen mit *i*-Epenthese (wie *noise, maison* etc.) erheischt, das ist der Umstand, dass wir es hier gegenüber jenen mit einer weit jüngern Erscheinung und Lautentwicklung zu thun haben. Bei den Wörtern mit *-ariVOC* werden wir — s. u. — sowohl eine ältere wie eine jüngere Gruppe unterscheiden müssen [2]). Versetzen wir uns einmal in die Zeit, in welcher sich eine französisch-romanische Sprache aus dem Vulgär-Latein herausbildete. Jene ersteren Wörter *(noise* etc.) waren von Anfang an in Gebrauch und nehmen als solche auch von vorn herein mit ihrer Lautentwicklung an jener Herausbildung Theil: Es sind Erbwörter. In einer etwas spätern

---

1) Ich will mich der Kürze halber dieser in der vergl. Sprachwissenschaft einmal allgemein eingebürgerten Bezeichnung bedienen, obwohl sie das Wesen der ganzen Erscheinung ebenso wenig ausdrückt als die Worte „Attraction" etc.

2) Wie verhält sich *estrainge* zu *soudain, souterrain* etc.? Vielleicht liegt hier Suffixverwechslung von *-aneus* mit *-anus* (= fr. *-ain*) vor. Ueber dergleichen Vertauschungen cf. Tobler, *dis dou vrai aniel* S. XXV, Anm., vor allem Jahrbuch XV, S. 261 f.; Mebes, Ueber Garnier etc. S. 42. Förster, Cheu. as deus esp. S. 418 zu V. 10769; ib. XLVII, Anm. *); ib. XLVIII; ib. XXXV (*-elis: -alis* in *cruel*), dazu Zs. f. d. öster. Gymn. 1877, S. 199; ib. 1874, S. 144. Romania V, 380. Zs. f. rom. Phil. I. S. 430. Auch auf ausserfranzös. Gebiete z. B. altoberit. *caluçen* = *caligine* wegen *-ugine*: Schuchardt, bed. Lautwandel S. 28. — Wenn in einem Denkmal, das sonst *-aneus* : *-aigne* mit Diphthong *ai* entwickelt, neben *estrainge* (Cheu. as deus esp. 6568) *estrange* (ib. 6575) vorkommt, so sind beide wohl nicht in demselben Sinne phonetisch gleichwerthig zu halten wie *batalle* und *bataille* neben einander; *estrange* richtete sich nach *estrangier* etc., wo in unbetonter Silbe kein Diphthong *ai* entwickelt wurde. S. u.

Zeit nun war die Entwicklung der Sprache so weit fortgeschritten, dass man nicht mehr von einer lateinischen, sondern nur von einer französischen sprechen kann und darf. Zu dieser Zeit bestand jedoch das lateinische noch in vielfachem Gebrauch, und die Volkssprache konnte sich aus derselben durch Aufnahme neuer Wörter und selbst Formen bereichern: dies sind Fremdwörter, Lehnwörter, Lehnformen. Wegen dieser spätern Aufnahme jedoch, weil dieses und jenes Lautgesetz aufgehört hatte später noch zu wirken (z. B. das Auslautsgesetz), konnte die Sprache sich diese neuen Wörter natürlich nicht in der Weise assimiliren, dass sie den Erbwörtern von denselben etymologischen Voraussetzungen gleich kamen: Sie hinken gewissermassen in ihrer lautlichen Entwicklung jenen nach. — So verhält es sich auch mit der genannten jüngern Erscheinung: *mäsionem* war schon zu *maizon oder *maison*, *nausea* schon zu *noize oder *noise* geworden, als man sich aus dem Lateinischen Wörter wie *gloria* etc. bemächtigte. Die einzige Assimilation, welche dasselbe an den französ. Sprachcharacter einstweilen erfahren konnte, war die zu *glorie* und erst weit später zu *gloire*. Ein *primarius* hatte sich bereits durch *primero zu *premier* entwickelt (s. u.), als man z. B. *contrarius*, *sacrarium* aufnahm, die zuvörderst in der Form *contrarie sacrarie*, später *contraire sacraire* auftreten, die aber dann nicht wie *primarius: -*airo : -*aero : -*ero : -ier* ein späteres *contrier etc. entwickeln konnten. Denn zur Zeit, als die Endung *-aire* aus *-arius* = *-ere* in der Aussprache lautete, war das Lautgesetz, nach welchem *e : ie* wurde, nicht mehr wirksam. — Der Begriff Lehnwort aus dem Lateinischen ist nach alledem im Französischen wie im Romanischen überhaupt unendlich viel weiter zu fassen als sonst. Bei der lange nebenhergehenden so mannigfachen Verwendung des Latein, bei der doch von vorn herein verhältnissmässig grösseren Verständlichkeit desselben für den Romanen, war die Aufnahme von lat. Fremdwörtern so nahe gelegt, dass man sich billig verwundern würde, wenn die

Romanen diese so ergiebige Quelle für Bereicherung ihres Wortschatzes weniger ausgebeutet hätten, als sie in Wirklichkeit gethan haben. Man kann also vom ersten Augenblicke an, wo von einer französischen (oder beliebigen andern romanischen) Sprache zu reden gestattet ist, Fremdwörter und Erbwörter unterscheiden. Durch diese Annahme von Lehnwörtern, Lehnformen erklärt sich nun eine grosse Menge von Anomalien in Laut- und Formenlehre etc., die als Ausnahmen von der Regel in Verlegenheit setzten. So, um nur einiges wenige zu erwähnen: Lat. *-alis* wird lautgesetzlich *-el*, daneben die Lehnform *-al*; ebenso ergab lat. *malus, malum mel* und daneben *mal*, und dieses Vorhandensein zweier Formen *mal* und *mel* macht sich die Sprache dann in der Folgezeit in der Weise zu Nutze, dass sie beide in verschiedenem Sinne verwendet: cf. Lücking, älteste franz. Mund. S. 74 und dagegen Th. Müller, *La chanson de Rol.* (2. Aufl.) S. 436 zu V 2006. So ist ferner *prelais (praelatus)* Fremdwort für *prelez*, ebenfalls *regne* aus *regnum* statt *rein reing* und vieles andere mehr[1]). So endlich auch ein grosser Theil jener Wörter mit den oben genannten Lautgruppen. Der gänzliche Vollzug der Epenthese in diesen Lehnwörtern zu *-aire, -oire, -aigne* etc. hat erst um die Mitte des XII. Jahrhunderts stattgefunden. Das Alexiuslied bietet die einschlägigen Wörter noch ohne Epenthese *palie, sacrarie, apostolies, adjutorie, glorie, memorie* u. s. w. S. G. Paris S. 58.

---

1) Was von Sprachvergleichern und Germanisten nach A. Leskiens Vorgang mit Recht aufgestellt wurde: Die Lautgesetze wirken blind; ein und derselbe Laut kann unter denselben Bedingungen nur eine Entwicklung einschlagen; Ausnahmen giebt es eigentlich nicht; für Ausweichungen liegt die Erklärung ausserhalb des Lautgesetzes u. s. w. — alle diese Sätze gelten in ihrem vollen Umfange auch für das Gebiet der romanischen Sprachen. Nur kommt hier, was die Erklärung der Ausweichungen anbelangt, zu dem Operiren mit dem Analogieprinzip die Auffassung eines Wortes oder einer Form als Lehnwort oder Lehnform.

Aus der *Ch. du voyage de Charlemagne à Jérusalem* etc. führt Koschwitz S. 28 an: *cumpanie, testimonie, glorie, ivorie* u. s. w. Ebenso im Rolandslied: *canunies* 2956, 3637; *munies* 2956; *martirie* 1166, 1922 u. ö.; *victorie* 3512, sehr oft *milie*, u. s w. Im Oxforder Psalter cf. z. B. *testimonie* 18, 8; 26, 18; 92, 7 u. ö.; *olie* 108, 17; 140, 6, *Quatre livres des Rois: adversaries* [1]) 7, 8; *milie* 68, 6. 7 u. ö. Weitere Beispiele aus dem XII. Jahrh., aus *Brandan, Besant de Dieu* u. s. w. siehe Mall, Phil. de Thaun Einl. S. 55. Bei letzterm Dichter selbst finden sich schon ältere und jüngere Formen neben einander: *librarie, necessarie, victorie, canonie* etc. und durch Reime gesichert *necessaire (: faire), sagittaire (: traire)* u. s. w. Im Agln. erhalten sich die ältern Formen überhaupt noch länger, wofür schon engl. *-ary, -ory* (= lat. *-arius, -orius), glory* (= *gloria)* etc. spricht. (S. Mall a. a. O.) Im Münchener Brut finden sich neben *victorie, glorie, memorie, tesmonie, Virgilie, olie* u. a. m. sogar Formen mit abgefallenem *e: memori, glori* (cf. engl. *glory), oratori*, s. Vollmöller S. XXIII, Mussafia Zs. f. rom. Phil. I, 406. Also überall noch keine Diphthongierung des vorhergehenden Tonvokals. Wohl aber ist *i* nicht mehr als Vokal zu denken, sondern die Gruppe *ri, ni, li* ist schon = *rj, nj, lj*, d. i. = $\acute{r}$ $\tilde{n}$ l. Es ist also die vorläufige Entwicklung zu mouillirten Consonanten schon als vollzogen anzusetzen. W. Scherer, zur Gesch. der deutsch. Spr. S. 143 sagt, franz. *campagne* würde *kaṅpajnj* gesprochen, und er führt dabei weiter aus, dass der Grad der Verschmelzung des Consonanten mit dem mouillirenden Bestandtheil verschieden sei, je nach der grössern oder geringern Hörbarkeit des *j*, und sie erreiche ihre höchste Ausprägung, indem das *j* nicht blos nach, sondern auch vorklinge (wie in *kaṅpajnj*). So äusserlich, wie diese letzten Worte und die Transscription von *campagne* anzudeuten scheinen, denkt sich gewiss Scherer selbst

---

1) Lat. *adversarius* entspricht fr. sowohl diese jüngere Bildung *adversaries*, später *adversaire*, wie eine ältere *adversier*.

nicht das Wesen der Sache. Die Worte meinen wohl nur, dass der ursprünglich unmouillirte Consonant durch den Eintritt der Mouillirung in der Weise affizirt und modifizirt sei, dass das mouillirende *i*-Element während der ganzen Dauer des Lautes und somit natürlich auch am Anfang wie am Ende gehört werde. Diesem seinen *i*-Gehalt assimilirt sich nun (s. o.) der vorhergehende Vokal [1]) dergestalt, dass er selber *i*-farbig wird. Es wird allerdings so, roh ausgedrückt, der vorklingende *i*-Gehalt an den Vokal abgegeben. Beide verschmelzen zu einem Diphthong, wobei es dann durchaus gleichgiltig ist, ob der Consonant seine Mouillirung bewahrt (fr. ñ ĺ in *campaigne, bataille)* oder, bei allmählich eintretender Abneigung gegen dieselbe, sie aufgiebt (fr. *r* in *gloŕe : gloire).*

Ich stimme mit Koschwitz a. a. O. S. 26 nicht ganz überein, wenn er wohl ein *aniVOC : ainie (aigne), eni VOC: einie (eigne), oniVOC : oinie (oigne)*, d. h. nicht nur mit mouillirtem *ñ*, sondern auch mit vorangehendem *i*-Diphthong ansetzt, dagegen die Annahme eines *aille* und demgemäss auch wohl *eille (= aliVOC; iliVOC)* mit Diphthong *ai* und *ei* in Abrede stellt: Ihm ist in *aille, eille* das *ill* rein orthographischer Ausdruck von *ĺ* [2]). In Bezug auf diesen letzten Punkt kann ich Koschwitz nur mit einer Reserve beipflichten. Ich möchte nämlich auch für *ail, eil* eine ursprüngliche einmalige

---

1) Da, wie gesagt, die Mouillirung auch am Ende wahrnehmbar ist, können derartige Consonanten natürlich auch folgende Vokale sich assimiliren: cf. **affat́t́are : affait́t́er, *laśśare : laisśter* u. s. w.

2) Wenn K. *aiĺ, eiĺ* aus *aliVOC, iliVOC* aus dem Grunde leugnet, weil *aille : eille* nicht im Reim vorkäme, wie *aigne : eigne*, so muss er consequent auch den Diphthong *ai, ei* in *aiĺ, eiĺ* leugnen, wo *ĺ* nicht aus *liVOC*, sondern aus *cl* etc. entsteht *(travaille, apareille* etc.). Denn auch für solche Fälle lassen sich keine beweisenden Reime *aile : eille* beibringen; Beispiele wie *traveillent* Cheu. as deus espees 9602 sind ganz vereinzelt und beweisen ausser dem Reime wenig. Wir können und müssen demgemäss alle *aill, eill*, unbekümmert darum, woher *ll = ĺ* seinen Ursprung leitet, in folgendem berücksichtigen.

Existenz des Diphthongs *ai*, *ei* nicht für alle Zeiten und für das gesammte Gebiet des Altfranzösischen in Abrede stellen. Es spricht freilich dagegen, dass in der 2. Hälfte des 12. und im 13. Jahrhundert *aille* und *eille* nie mit einander reimen (wie in jener Zeit *aigne : eigne* ganz geläufig ist), was nach dem damals vollzogenen Uebergang von *ai : e* ja geboten gewesen wäre. Doch spricht immerhin manches für unsere Ansicht. Auf die eine Assonanzenreihe im Rolandsliede, die uns zur Stütze dienen könnte, Tir. CI, möchten wir allerdings nicht viel Gewicht legen; der Fall steht zu vereinzelt da, und das *ventaille* v. 1293 — das übrigens später Tir. CCLI V. 3449 in Assonanz zu *a* vorkommt — assonirend mit *Burdele, resne, Valterne, escantelet*, etc. ist gewiss ein Fehler: andere Hdss. ändern auch: Vz. L. *gonelle*, P. *mamelle*. Böhmers Aenderung in *venteille* ändert nicht viel an der Sache; cf. Scholle, Jahrbuch etc. XV, S. 67 Anm. **) ¹). Aber etwas anderes giebt zu Bedenken in Betreff von K.'s Ansicht Veranlassung. Das ist der Umstand, dass mundartlich Wörter wie *conseil, merveil, apareil* u. s. w. an dem Uebergang von *ei : oi* partizipiren. Cf. Chrestiens chev. au lyon: *consoil : me mervoil* 1599. 3897; *aparoil : soloil* 2345; *consoil : soloil* 2397 u. ö. Amis u. Amiles *vermoil* 626; *consoil: vois, rois, croit* etc. ib. 1219; *borjois, moi, loist* etc. 2361 u. ö.; Jourd. de Bl. *m'esmervoil* 663 (häufiger aber *couseil* 329. *soleil* 676 ²) etc.). Eine Ansicht *consel* sei zu *consol* geworden, wird wohl kaum geltend gemacht werden. Sondern in *consoil* etc. war wirklicher Diphthong *oi* gesprochen; dies *oi* setzt bekanntlich (s. Böhmer in seinen Roman. Studien I, S. 600) den steigenden Diphthong *eĺ* voraus, früheres *eí*;

---

1) Vergl. die von Th. Müller in seiner vor Kurzem erschienenen Rolandslied-Ausgabe (2. Aufl.) S. 122 geäusserte Vermuthung über die ursprüngliche Fassung des Verses.

2) In unbetonter Silbe blieb stets *eil : conseillier* Chev. au lyon 3983. 6544; *conseilleroi* 6568; *apareillie* 3008 etc. und hier *eil* wohl = *e-il* = *eĺ* ; s. u.

wir haben somit *oil̄* und älteres *eil̄*. In Mundarten aber, wo demnach die Existenz eines wirklichen Diphthongs *ei* vor *ī* anzunehmen ist, wird man auch gewiss für *aille* die Aussprache *ai-l̄e* (nicht *al̄e*) zugeben müssen. Doch ist dies eben nur ein dialectischer Zug vor allem der centralfranzösischen und champagnischen Mundart. Im übrigen Altfranzösisch vereinfachte sich bald *ail̄e : al̄e, eil̄e : el̄e,* und diese Lautgruppen gingen somit lange Zeit dem *-aigne, -oigne* etc. voraus, die ja im Nfr. auch durchaus die undiphthongische Aussprache *añe, oñe* etc. annehmen. In den Dialecten, wo nun *ail̄e : al̄e* wird, muss sich dieser Uebergang bereits vollzogen haben vor der Zeit, in welcher die Gleichstellung von *ai* und *ei* Reime wie z. B. *aigne : eigne* gestattete (s. o.). Ebenso muss daselbst *eil̄* schon zu *el̄* geworden sein, bevor sonst *ei* zu *oi* übergeht. Wenn wir nun in Denkmälern dieser letzteren Dialecte Schreibungen wie *bataille, conseil* etc. trotzdem noch später finden, so sind dies entweder Reste der Bezeichnung früherer Lautverhältnisse, oder aber *il* ist ein beabsichtigtes orthographisches Zeichen für mouillirtes *l = l̄*. In solchen Denkmälern kommt ja auch häufig genug afr. Schreibung *batalle* neben *bataille, mervelle* neben *merveille* mit gleichem phonetischen Werthe vor. Es ist daher unrichtig, wenn man z. B. in der linguistischen Abhandlung Stengels zu seiner Durmart-Ausgabe S. 521 findet: *e = ei mervelles* etc. und 10 Zeilen weiter *ei = e merveille* und wenn ib. S. 520 die phonetische Gleichwerthigkeit von *bataille* und *batalle* verkannt wird. — Eine weitere Stütze für unsere Ansicht einer früheren, wenigstens dialectischen Existenz von *ail̄ eil̄* möchten wir vielleicht auch in der CXLV. Tirade des Rolandsl. sehen, wo *oreilles* auf *i . . e (Marsilies, algalifes, Garmalie* etc.) assonirt. Hier muss wohl Aussprache mit steigendem Diphthong *ei̯* angesetzt werden: das stimmt zu Koschwitz's Ansicht über die Zeit, in welcher *ei : ei̯* geworden ist (a. a. O. S. 38). Wo aber *oreille* mit Diphthong *ei-ī* gesprochen wurde, mochte man da nicht auch *conseil̄, merveil̄e, batail̄e* aussprechen?

Ich kann ferner der Ansicht Koschwitz's nicht beitreten, wenn er bei -*aire*, -*oire* eine directe Attraction des *i* von *arie*, *orie* in die Tonsilbe hinüber annimmt und Mittelformen *airie*, *oirie* (doch = *airje*, *oirje* = *aiŕe*, *oiŕe*) nicht zulassen will. Dies hängt eben mit der oben zurückgewiesenen Vorstellung von der Attraction als einem rein äusserlichen Vorgang zusammen. Der Satz aber, dass kein Vokal über einen Consonanten hinweg, sondern stets nur durch ihn hindurch auf andere Vokale wirkt (s. o. S. 24), fordert Mittelformen wie *oirie*, *airie* etc., also z. B. für lat. *gloria* die Entwicklungsreihe afr. *glorie : glorje = gloŕe : gloiŕe : gloire*. Dass *airie oirie* nicht in der Schrift (wie z. B. *ainie, einie* etc.) nachzuweisen ist, was Koschwitz für seine Behauptung anführt, beweist nicht gegen uns. Die Orthographie schreitet niemals in gleichem Tempo mit der Lautentwicklung fort und verzeichnet nicht alle Uebergangsstufen derselben, sondern immer nur einzelne. Gegen mouillirtes *ŕ* mochte übrigens bald Abneigung sich einstellen, so dass jene Entwicklungsstufen *glorie — gloire* in verhältnissmässig kurzer Zeit durchlaufen wurden. Es konnte sich nun durch diese ganze Zeit hindurch selbst bis in diejenige hinein, wo man schon *gloire* sprach, ganz gut die ältere Schreibung *glorie* erhalten. Als man nun aber der neuen Aussprache Rechnung tragen wollte, schrieb man natürlich sofort *gloire*. In derselben Zeit, in der z. B. *aniVOC* etc. erst bei *aiñe* angekommen ist, gelangte *oriVOC* schon einen Schritt weiter über *oiŕe* hinweg zu *oire*. Dass der Uebergang von *oiŕe : oire* d. h. mit Aufgeben der Mouillirung des *r* durchaus unbedenklich ist, habe ich schon oben mit Hinweis auf Sievers constatirt; cf. noch Thomsen a. a. O. S. 109.

Dass -*arius*, -*aria*, -*arium* eine Sonderstellung einnehmen, habe ich bereits eingangs dieses Excurses angedeutet. Hier ist nämlich eine jüngere mit jener eben erörterten Entwicklung von *oriVOC*, *aniVOC* etc. zu *oire aiñe* etc. gleichaltrige Gruppe von einer weit ältern zu unterscheiden, deren

Entwicklung schon in die Zeit der Genesis des Französischen fällt. Die erstere macht aus *ari VOC aire*, die zweite dagegen *ier, iere (aria)*: z. B. *contraire, adversaire* gegenüber *premier, maniere* etc. Die letzteren kennzeichnen sich schon dadurch als älter, dass *arius : ier* mit Wegfall des *u* unter der Wirkung des Auslautsgesetzes steht, während die Entwicklung *arius : arie, aire (adversaire)* in eine Zeit fallen muss, wo dies Gesetz nicht mehr wirksam ist. Diese Unterscheidung einer ältern und jüngern Entwicklungsstufe ist wohl zu beachten und, wie sich ergeben wird, von Wichtigkeit. — Wie hat man sich das Entstehen dieser ältern Formen auf *ier* zu denken? ASCOLI, Saggi ladini I, Arch. glott. ital. I, 484 u. ib. Anm. 2 nimmt folgende Stufen an: *-ario*, vermittelst Attraction — „*l'i da antichi tempi attratto*" — zu *airo*, das vermittelst Contraction des *ai : ae* bei *aero* anlangt. Thomsen a. a. O. S. 123 constatirt bereits für das Lateinische eine Art Umlaut und lässt *primarius* : *primèro, man(u)aria* : *mandŕa*¹) *(manneiras* Gloss. Cass. G°, 9; cf. *sortiarius : sorcerus* Reich. Gloss. 8. Jh., 179 Diez. = fr. *sorcier)* werden. Es treffen also beider Erklärungsversuche in dem Endresultate zusammen, dass *a* in dieser Verbindung bereits im Vulgärlatein zu *ae* resp. *e* wurde unter dem Einfluss des folgenden *i* oder besser mit Thomsen durch Assimilation an den folgenden *i*-haltigen mouillirten Consonanten. Diese vulgärlat. Wortformen mit *e* mussten nun, als sie sich der französischen Lautentwicklung darboten, dem geläufigen Gesetze gemäss zu *ie (premier, maniere* etc.) werden. — Interessant ist vielleicht noch zu erwähnen, wie der deutsche Umlaut darin eine ganz analoge Erscheinung bietet, dass auch hier

---

1) Derartiger Umlaut kommt im Vulgärlatein auch anderweitig nicht bloss bei *r* (resp. *l, n*) vor. Fr. *cerise* setzt eine Mittelform *cereśa aus lat. *cerăsea* voraus, cf. Schuchardt, Vok. I, S. 192, wo er Gargil. Mart. III, 422, 13 Mai *ceresia* (wohl = *cereśa*) belegt. Cf. ebenso *ceresia* in Anecd. gr. et graeco-lat. ed. V. Rose II. p. 96. 6 var. (S. Thomsen, Rom. V, 67 Anm. 1).

zuerst der Vocal *a* von der Wirkung des Gesetzes erfasst wird, dem dann erst später die übrigen Vokale folgen. Die Identität der eben besprochenen Erscheinung im Vulgärlatein mit dem germanischen Umlaut hat Schuchardt, Vocal. II, 529 schon mit Recht hervorgehoben. — Der Analogie der jüngern Gruppe *(adversaire* etc.) folgen dann die spätern Neubildungen *primaire, secondaire* u. dergl. Diese soeben vorgenommene Scheidung zweier Fortsetzungen des lat. *ari VOC* im Französischen gestattet einen nicht unwichtigen Schluss für die Chronologie einer Anzahl aus dem Germanischen entlehnter Wörter. Da Wörter wie afr. *herdier* = ahd. *hërtari, lodier* cf. an. *loddari,* fr. *con-cierge* cf. ahd. *scarjo,* fr. *epervier* prov. *esparvier* = ahd. *sparwâri,* ferner alle Eigennamen wie *Gonthier, Gautiers, Lothiers, Garniers* u. s. w., die auf ahd. *-hari* mlt. *-arius* zurückgehen, die Entwicklung der Lautgruppe *ari : ier* aufweisen, so ist nach Obigem die Annahme berechtigt, dass ihre Aufnahme schon in einer sehr frühen Zeit, bereits in der dem Französischen der Zeit nach unmittelbar vorausgehenden Periode des Vulgärlatein sich vollzogen hat. Als das Franz. sich aus letzterem herausbildete, lagen demgemäss Formen wie **hertero, *isparvero* etc. vor, die dann mit **primero* denselben Weg gingen. Wir haben es hier also mit sehr alten Eindringlingen zu thun. Man könnte vielleicht einwenden: die deutschen Wörter haben sich dem Franz. möglicherweise erst zur Aufnahme geboten, als sie schon nicht mehr mit *a*, sondern mit umgelautetem *a* d. i. *e* resp. *ae* gehört wurden. Doch ist dieser Einwand nichtig: *hertaere* etc. konnte von den Franzosen erst verhältnissmässig spät gehört werden, in einer Zeit, wo das Gesetz der Lautentwicklung von *e : ie* nicht mehr wirksam war, am allerwenigsten für Fremdwörter. Als die deutsche Sprache Formen wie *hertaere* etc. besass, hatte das Franz. sich schon ziemlich fest consolidirt, konnte daher dem Deutschen entlehnte Wörter nur als Fremdwörter aufnehmen, dieselben aber nicht mehr dem französischen Sprach- und Lautcharacter in der Weise assimiliren, wie es mit denjenigen deutschen Elementen geschah, welche entweder schon vor der Genesis der rom. Sprachen im Vulgär-Latein Galliens vorhanden waren, oder während derselben ins Franz. drangen. Mit *herdier, épervier* etc. sind entschieden gleichaltrig frz. *bière* = ahd. *bâra*, afr. *eschiere* (ital. *schiera*) = ahd. *scara*, afr. *haschiere* = ahd. *harmscara* (cf. Diez, etym. Wrtb. u. Schade, ad. Wrtb. a. d. betr. St.). Wenn man sie mit jenen obigen Wörtern vergleicht, liegt es nahe ein ad. *barja, *scarja, *harmscarja vorauszusetzen, für die wir, wie oben *manera* = *manuaria*, ein vulglat. *bera, *iscera, **ha(rm)scera* annehmen müssen [1]).

Ich möchte noch eine Vermuthung in Bezug auf den letzten Grund der eben besprochenen Erscheinungen äussern. Frz. *-ier, -iere* war im Lateinischen schon genügend vorbereitet: Umlaut des *a : e* (speziell *arius : erus*) ist im Vulgärlatein geläufig, (s. Schuchardt Vok. II, 528 ff.) und der Anstoss zu einer Entwicklung: *ie* war somit von vorn herein

---

[1]) In der obigen Weise können aus dem Romanischen noch mannigfache Rückschlüsse aufs Germanische gemacht werden: Lomb. *grinta* erschliesst got. *grimmitha (= ahd. *crimmida*) cf. Schade a. a. O. S. 351ᵇ. Fr. *grincer* weist auf ahd. *grimissôn (cf. ags. *grimettan*); fr. *bois*, prov. *bosc* auf *bûwisc, an welcher Etymologie ich auch noch nach den Bedenken, welche Behaghel, Zs. f. rom. Philol. I S. 469 geäussert hat, festhalte: B.'s Accentgesetz bedarf einer Modifikation. Afr. *gastir* spricht für ein ad. *wastjan, afr. *blecer* vielleicht für das Vorhandensein von ad. *be-letzen (cf. Diez etym Wrtb.). Diese Beispiele mögen hier genügen. Es wäre ein ganz dankenswerthes Unternehmen, in der eben angedeuteten Richtung einmal die germanischen Elemente im romanischen und speziell französischen Wortschatz zu untersuchen. Eine solche Arbeit würde auch dem ahd. Wörterbuche zu Gute kommen. Es wäre dies gewiss eine ebenso interessante Aufgabe des roman. Sprachstudiums, wie die von Diez Gr. I³ S. 29 Anm. * bezeichnete: Lateinische Wörter aus dem Romanischen zu reconstruiren, der Mutter wieder darzubringen, was die Töchter von ihr empfangen haben.

gegeben. Wie steht es aber mit jenen später aufgenommenen Wörtern? Lange Zeit hindurch haben wir bei diesen (s. o.) die Form -*arie*, -*orie*, -*anie* etc. in afrz. Denkmälern belegt gefunden. Wie kam es, dass diese Fremdwörter sich noch einen Grad weiter assimilirten: *aíre*, *oíre* *aíñe* etc., und erstere dann noch zu *aire*, *oire*? Dies mag sich vielleicht schon zur Genüge aus dem Umstande erklären, dass die frz. Sprache damals noch in vollerem, stärkeren Entwicklungsflusse begriffen war. Könnte aber nicht auch keltischer Einfluss vorliegen? In den keltischen Sprachen ist nämlich die Neubildung von Diphthongen durch Epenthese eines *i* etwas durchaus geläufiges. Ich gebe hier einige Beispiele, die ich mir grade bei der Lecture von E. Windisch, die irischen Auslautsgesetze: Paul u. Braune, Beiträge z. Gesch. d. deutsch. Spr. u. L. IV, 204 ff. angemerkt habe: *vát-is* : altir. *faith* (= lat. *vates*); *consamal-is* : *cosmail* (= lat. *consimilis*); *cruim* aus *crom-is;* *buith* aus *but-is;* *suil* aus *súl-is;* *combairt*, *compert* für *bart-is* u. dergl. m. Die Sprachorgane der ursprünglich keltisch redenden Gallier waren also durchaus dazu geneigt, unter dem Einfluss eines nachfolgenden *i* — selbst ohne dass dieses im Hiatus zu stehen braucht — jedweden vorhergehenden Vokal umzulauten. Es war daher natürlich und geboten, auch aus einem *adversarie adversaire, glorie gloire* etc. zu machen, so dass sich auch hier noch jene Neigung in späterer Zeit bethätigt. Ein umgekehrter Einfluss etwa des Romanischen aufs Keltische ist kaum denkbar.

Noch eine Frage bedarf kurzer Erledigung. Koschwitz a. a. O. S. 26 hält Epenthese des *i* in *alie, ilie, anie, arie* etc. nur möglich, wenn es nach der Tonsilbe steht. Lautgesetzlich assimilirt sich also nur vorhergehender, betonter Vokal dem nachfolgenden mouillirten Consonanten. Ich stimme K. hierin völlig bei. Dieser von ihm a priori als sicher angenommene Satz lässt sich durch manches stützen. Wir haben schon oben erwähnt, dass in Chrestiens chev. au lyon Beispiele vorkommen, in denen *eill* sich, wo die Silbe unbetont ist, in der Schrift zeigt 3983. 6544 *conseillier*; 3008 *apareilliee*; 1893 *apareillie : conseillie*; 2042 *conseillie*, während die Gruppe *eiĩ* in betonter Silbe zu *oiĩ* (ib. *consoil, aparoil*) fortschreitet und auch *oill* orthographisch wiedergegeben wird. Hierin liegt doch gewiss der Beweis, dass *conseillier* etc. phonetisch mit *conselier* gleichwerthig war; wäre es *conseiĩier* gesprochen worden, so hätte auch dieses dort zu *consoillier* werden müssen. Von hier aus ist dann wohl der Analogie-Schluss gestattet, dass bei den übrigen Gruppen *aniVOC*, *oriVOC* etc. dieselben Verhältnisse gegolten haben, dass also nur unter dem Tone die Diphthongierung zu *ainie* u. s. w. gesetzlich statt haben durfte. Dies wird auch durch die afr. Schreibungen bekräftigt und bestätigt: *tesmoigna* neben *tesmogna, compagnon* neben *compaignon* etc.[1]) stehen ganz promiscue. Wo *aign, oign* etc. in unbetonter Silbe geschrieben angetroffen wird, haben wir demnach nicht etwa einen Diphthong *ai, oi*, sondern *ign* etc. hat eine ganz andere Bedeutung. Entweder ist *i* einfach aus Analogie zu den betonten Formen in der Schrift eingedrungen, oder der Schreiber will dem *i* in jener Verbindung wenigstens insofern eine gewisse Bedeutung beigelegt wissen, als es zur Bezeichnung des erweichten ñ dienen soll, wie *il* = *ĩ* (s. o. S. 32).

So verhält sich der vorliegende Fall lautgesetzlich. Dabei ist aber nicht ausgeschlossen, dass durch den Einfluss der Analogie nicht bloss orthographisch ein *i* in unbetonter Silbe auftritt, sondern dass unter Umständen auch der Diphthong aus der betonten Silbe anderer Formen desselben Worts eindringen kann. Schreibungen wie *tesmoigna, compaignie, compaignon* (cf. Förster cheu. as II. esp. S. XXXIII) etc. beweisen freilich noch wenig oder gar nichts. Wenn wir aber in Dialecten, welche *conseiĩ : consoiĩ, appareiĩ : apparoiĩ* machen, neben lautgesetzlichem *conseillier* = *conselier*,

---

1) Cf. auch hier die Schreibung bei mhd. Dichtern: *cumpânte* Trist. 2683. 2994. 4814. 5208 u. ö.; *cumpanjûne* 5463. 8638 u. s. w.

apareillier = *apareiler* (s. o.), auch *consoillier*, *aparoillier* treffen, so liegt doch hier sicher Uebertragung des Diphthongs *oi* aus jenen ersteren betonten Formen vor. Auch wenn wir neben *travaillier travillier* finden und uns des Gesetzes (cf. Mussafia Zs. f. rom. Phil. I, 409) erinnern, wonach die Diphthonge *ai, ei, oi* vor *i*-haltigen Consonanten in unbetonter Silbe gern zu *i* werden, so lässt sich aus *travillier* auf ein *travaillier* mit *aĩ* schliessen, das sein *ai* der Uebertragung aus *travail* verdankt.

Ich darf den Excurs nicht weiter ausdehnen und kehre zu unseren Urkunden zurück, um dort die Behandlung von *ariVOC, aniVOC* etc. zu constatiren. Die Epenthese des *i* ist nach obigem dort selbstverständlich als schon gänzlich vollzogen zu betrachten. In einigen Fällen jedoch, besonders bei *oriVOC*, zeigt sich eine gewisse Abneigung des Pikardischen gegen das *i*-Element und es schwindet bisweilen ganz. Fälle von nicht attrahirtem *i* bieten die Ch. de Vermandois nicht, doch habe ich sie in Urkunden aus dem Westen der Pikardie (Aire) angetroffen.

AriVOC: die ältere Gruppe wird repräsentirt durch: *cheualiers* II, 1; *deniers* II, 11; *feurier* XXV, 8; *genuier* VII, 19, XX, 15; *Mouniier* V, 60; *Pissoniers* XXIV, 2; *premier* V, 54 u. ö.; *uakiers* V, 57. — *Candeliere* XXVII, 9; *manieres* VI, 6; *menniere* XXXIX, 14; *pissiere* XLVI, 6; *testiere* XLVI, 6. — Ueber *bakelers* IV, 2 gegenüber *bachelier* s. Förster, Zs. f. d. österr. Gymn. 1874, S. 137. — Die zweite, jüngere Bildung liegt vor in: *doaire* XVIII, 9; XIX, 10; *doayre* XXXIX, 14, cf. *douare* Ch. du Ponthieu XVI, 31; *luminaire* XLVI, 4. cf. *luminarie* Ch. d'Aire A. 36; ib. A. 2, 11 *Arie* gegenüber B, 2 *Aire*. — *OriVOC*: Für -*oire* -*oir* (cf. *terroir* XXXIX, 7) ist zu bemerken, dass das Pikardische hier die Formen ohne Epenthese des *i* und mit Abfall desselben liebt; daher sind Formen wie *memore* XV, 11 recht häufig. Das pikardische und ebenso das ganze ostfranzösische Sprachgebiet macht überhaupt gern *oi : o*, demnach *oir : or*, selbst

wo keine Epenthese des *i* vorliegt: *auoir : auor* VI, 3, 8;
cf. ferner *encore : glore* Baud. de Condé 52, 199 (beweisend);
glore : estore Phil. Mous. 1688. *memore* ib. 3434, 11822. *memore : glore* Alex. CXXII. *glore : memore* B. d. Cond. 323,
1596; 368, 2871. *Grigore* Doc. Baill. XXXVI (a. 1292). u. s. w.
AniVOC. Ueber *grange* (V, 69) cf. Thomsen, L'*i* paras.
etc. a. a. O. S. 122. cf. *estraignes* Doc. Baill. XLIII. S. o. S. 26.
Hierher gehören auch Conj.-Formen wie *permaigne* Doc. Baill.
XXXI. — Für *oni VOC* vergl. *moine* V, 44. *moines* XXX, 1.
teismoins XXII, 29. *temoing* Doc. Baill. XXXVII. Dagegen in
unbetonter Silbe Schwanken zwischen *tesmongna* XLV, 2, 4
und — ob nur orthographischen oder auch wirklich gesprochenen, ist kaum zu entscheiden — *tesmoigna* XLV, 9; *tesmoingnage*
XLV, 1; XXVI, 15. cf. *temongnage* Doc. Baill. XLIII. — *UniVOC: juin* II, 27, daneben *gung* IX, 12; XVII, 14; cf. *engieng*
Ch. du Ponthieu IV, 19. *jung* ib. XII, 30, 55 u. ö.; *tesmoing*
XVI, 41 u. ö. Ich stimme mit Raynaud überein, wenn er
a. a. O. für dies auslautende *n* mouillirte Aussprache annimmt. Koschwitz a. a. O. S. 27 Anm. 1) will Mouillirung
des *n* nur bei folgendem Vokale, nie im Auslaut anerkennen.
In Wörtern wie *luign* u. ähnl. kann man anfangs zweifelhaft
sein, da hier in der That ein Ueberrest der lat. Orthographie vorliegen kann. Wenn aber *jung, engieng* etc., wo das
lat. Etymon kein *g* enthält, mit *ng* geschrieben werden, so
mag dies freilich möglicherweise Analogie in der Schrift zu
jenen *luign* etc. sein; näher liegt aber doch die Annahme,
dass die Schreibung *ng (gn)* die mouillirte Aussprache des ausl.
n (= *ñ*) bezeichnen soll. Für ausl. *ng* = *ñ* spricht entschieden der Umstand, dass besonders pikardische Handschriften
dafür oft nur *g* schreiben: Für ausl. unmouillirtes *n* wäre
diese Orthographie doch wohl kaum gewählt worden. Vergl.
z. B. den pik. Copisten des *cheu. as deus esp.* 3012 *besoig*;
1523 *semoig*; Garnier, Thom. Hds. W, 5216 *plaig*; 1625
W. *desdeig;* Gir. d. Viane 63 *teig*; cf. Mussafia, Germania ed. Pfeiffer VIII, 220. In *jung* neben *juing* liegt dann

etwa dieselbe Entwicklung vor, gemäss welcher *bataille : bataĩe*, *campaiñe : campañe* wird. Später allerdings wurde die Mouillirung des ausl. *n* dann aufgehoben. Ob die Schreibung *juin* etc. in unsern Urkunden bereits darauf hinweist, dass die Neigung zum Aufgeben der Mouillirung vorhanden war, wie sie sich beim *r* ja überhaupt bald einstellte, oder ob es nur um eine etwas ungenaue Schreibung (neben *juing*) sich handelt, wird schwer zu entscheiden sein. Fällt das Aufgeben von ausl. *ñ* nicht vielleicht zeitlich zusammen mit dem Uebergang von *oi, ui* zum Nasal-Vokal? *ÑiVOC* u. s. w. geben keinen Anlass zu weiteren Bemerkungen.

Ich komme zur Behandlung der labialen Vokale. Fr. *u* = *ü*, das aus urspr. lat. langem *u* (cf. Lücking a. a. O. S. 143 ff.) entsteht, bietet wenig Bemerkenswerthes; cf. *vne* VI, 5 u. ö., *chascun* II, 12, *nul* VI, 14, *nule* VII, 12, *justice* I, 6 u. ö., *pure* XXII, 8, *rue* V, 11, *bru* XLIII, 4; die Perfecta *dut* XIII, 11; *ju* V, 63 u. ö.; *reconnurent* III, 23; *eurent* I, 13; III, 22; *eussent* XXII, 10; — *reconeut* VI, 16; *rechieut* XXII, 10. Neben *iuska* V, 52; *juskes* VI, 9; *dusques* XLI, 4 steht *desques* XXXVIII, 5. *sus* IX, 7 [1]).

Ich muss Raynaud widersprechen, wenn er in Formen wie *bailliu, fius, Mikius, Pontiu* etc. die Aussprache *iü* für den Diphthong *iu* in Anspruch nimmt. Wenn daneben weit zahlreicher (cf. Raynaud S. 75) die Schreibung mit *ieu ballieus, fieus, Pontieu* etc. vorkommt, welche dann in der Folgezeit die allgemein übliche ist, so erhellt, dass in der Zeit, aus welcher die von Raynaud veröffentlichten Urkunden von Ponthieu stammen — der 2. Hälfte des 13. Jahrh. — die Schreibung *ieu* der thatsächlichen Aussprache Rechnung trug, während in der Schreibung *iu* sich nur eine ältere

---

[1] *sursum : sus* hat gewiss die Entwicklung von *deorsum : jus* (statt zu *jos*) nach sich gezogen, nicht ist, wie Lücking a. a. O. S. 147 will, *ū* lautgesetzlich zu *ū* und dies dann zu *ü* geworden.

Orthographie noch erhalten hatte [1]). Cf. Tobler, *dis dou vrai aniel* S. XXV ff., Förster, *cheu. as deus esp.* XLIII ff., Mussafra Zs. f. d. österr. Gymn. 1877 S. 202. Was nun die Zeit unserer Urkunden von Vermandois, die 1. Hälfte des 13. Jahrh. anlangt, so liegt die Sache ein klein wenig anders. Die Schreibung mit *ieu* ist noch durchaus vereinzelt *(Mikieus* XXXIV, 1) und kommt in einer der spätern Urkunden vor. Dagegen ist sehr häufig *iu* anzutreffen: *fius* V, 3, 72; *fix* V, 9; *fius* XVIII, 4; XXVIII, 2 u. ö.; *cius* IX, 6; XI, 8; XVI, 8; XXVI, 2; XXVIII, 6; XLIV, 12. *Bertremius* V, 24. (Cf. auch *siue* VI, 12; XV, 7; XXIX, 4; XXXIX, 16; XLIV, 17. 20.) Es ist daher wohl anzunehmen, dass in der ersten Hälfte des 13. Jahrh. die ältere Generation der lebenden Pikarden noch *iu* sprach, während bei der jüngern sich die Neigung einstellte statt dessen *ieu* auszusprechen. Um die Mitte des Jahrh., etwa u. 1250, mochten sich beide eine Zeitlang in der angedeuteten Weise nebeneinander hergehenden Aussprachen dergestalt ausgeglichen haben, dass *ieu* als die einzige den Sieg davon trug. — Für *ieu* kann auch die Lautung *ie* vorkommen; hiefür bieten unsere Urkunden keinen Beleg; cf. aber *miedres* im *Cheu. as deus esp.*; demgemäss ist auch Durmart 811 *dierent (= debuerunt)* nicht „kaum richtig und ungenaue Schreibung" für *dieurent*, wie Förster, Z. f. d. österr. Gymn. 1874, S. 142 will, sondern *eu* ist wirklich: *e* geworden.

Etwas anders allerdings verhält es sich mit dem *iu (eu, ieu)* in *reconeut* VI, 16, 19, 20; *rechieut* XXII, 10. Hier liegt wirkliches *eü, iü* (mit *ü*) vor, das seinem Ursprunge nach anfangs zweisilbig in der weitern Entwicklung zum steigenden Diphthong wird: als solcher ist dieses *eu, iu* auch zur Zeit unserer Urkunden gewiss anzusehn; cf. Tobler, *vrai aniel* S. XXVII.

---

1) So urteilt, wie ich nachträglich sehe, auch G. Paris Rom. VI, 619. 620 in seiner Rezension über Raynauds Arbeit.

Geschlossenes *o (ó)* tritt in unsern Urkunden in mannigfacher Gestalt auf: *o, ou, u* und *eu*. Ich gebe zuvörderst die Belege:

1) *O.*

a. = langem latein. *ō:* Vor *t: tot* VI, 1; VI, 16. *tosiors* IX, 18 (*toz* LI, 5); *tote* XIII, 8; *totes* VI, 8 u. ö. — Vor *r: lor* XIII, 6, 9 u. ö.; *ore* VI, 13; *d'ore* XXVII, 9; *por* XI, 2; XXI, 2 u. ö. *Signor* I, 14; VIII, 10. — Vor *m, n : baron* XXI, 11; *capons* V, 12, 30, 74; IX, 19; XX, 10. (Ueber *capans* I, 10. s. S. 11.) *Francon* V, 72; *nom* VI, 16.

b. = lateinischem kurzen *ŭ*. Vor *r : tousiors* I, 9; III, 9; VII, 9; IX, 9, 18; XI, 8; XVI, 7; XXI, 3; XXVII, 2; *iors* X, 11; *jor* VI, 9. Tonlos: *borgois* III, 3. Vor Nasal: *sont* II, 2; IV, 2; das tonlose Possessivpron.: *mon* III, 14; *onques* XXV, 4. Vor *v : jouene* IV, 15; V, 57.

c. *ŏ* in lat. Position vor Nasalen: *amont* XXXI, 4; *longe* XXII, 17; *monte* V, 68; *selonc* V, 2.

d. Lat. *ŏ* vor Nasalen in romanischer Position: *preudhomes* VI, 5; *preudonmes* XVI, 11.

e. Lat. *ō* vor Nasalen in romanischer Position: *com* I, 5; *si come* V, 69, 72; *nomee* XI, 7.

f. Das *ó* steht auch in *ont*, I, 2; VI, 8; IX, 14; *font* XIII, 1; *orront, verront* XXXV, 2 u. s. w. (s. Lücking S. 167).

2) *OU.*

a. = lat. *ō:* Vor *t: tout* VII, 7; *tous* I, 9; III, 9; V, 25. 51; IX, 9; *tous jours* II, 24; XXII, 8; XXV, 2; XXXII, 12; *toute* XXXVII, 31. — Vor *r: pour* II, 24; III, 12; *demourer* XXVI, 22; cf. Tobler Gött. gel. Anz. 1872, S. 887; Mall, S. 43; Lücking S. 169. — Vor *n: barouns* V, 53; *Francoun* V, 9; *maizouns* V, 21; *maizoun* V, 10; *Otroun* V, 19; *Perroun* V, 10; diese Accusative der Namen auf *-o* treten sehr häufig so mit *-oun* neben *-on* auf; *douna* VIII, 2; *doune* XXVIII, 3. — Vor *s* nach Ausfall eines *n* (in tonl. Silbe) *espousee* XIX, 11. — Hierher auch: *acoustume* XXII, 42 (cf. Lücking S. 156

ff.) = lat. *cōstūma, recounurent (cf. lat. cōgnāta etc.) XXV, 2; XXVIII, 2; recounissance XXV, 5.

    b. = lat. kurzem ŭ. Vor r: court II, 21. (S. Lücking S. 150; = volkslat. curtem.) sour XX, 10; tonlos in bourgois II, 3. — Vor Nasal: sount V, 1, 2 u. ö.; XLII, 1; adount V, 7; founs V, 16, 52; moun V, 14 u. ö. — Vor urspr. Lab.: ou (= ubi) XXII, 23; tonlos: trouve XXVI, 23.

    c. ŏ in Pos. vor Nasalen: countre V, 51; Fouchemount III, 7; couuenances III, 19, 23; IV, 12; couuent XXXVI, 16.

    d. —

    e. Lat. ŏ vor Nasalen in rom. Position: coume V, 5, 11, 17, 22, 64, 65, 66 u. ö.

    f. ou steht auch in ount V, 49; tenrount XLII, 7; uesrount VIII, 1.

    Zu ó (u) zählt auch ou = aut XXII, 23; cf. Mall, S. 43. Wie oft schlägt sich auch in unseren Urkunden bŏnus und hŏmo zu ó (u): boune XXVI, 10; XXXVIII, 3 u. ö.; oun V, 60; om V, 31; oum XLII, 8. Cf. Mussafia Zs. f. rom. Phil. I, S. 407: „In bon (bun) und buen, um und uem concurriren ó und Diphthong." Die Entwicklung zu ó (u) lässt er mit Recht unter dem Einfluss des folgenden Nasal geschehen. Cf. Mall, S. 49. Die sonst noch pikardisch und anderswo vorkommende Form boin weisen unsere Urkunden nicht auf. Raynaud a. a. O. S. 62 scheint zu glauben, boin komme auf pikardischem Boden nicht vor dem Anfang des XIV. Jahrh. vor. Das ist nicht richtig; boine steht Hans. Urk. 862 (vom Jahre 1280) Zeile 57; boines ib. 43; ferner boen ebend. 30, 47; boene Doc. Baill. XXIV (a. 1282).

    3. U.

    a. = lat. ō. Thumas I. 4; V, 17, 33; X, 5, XVIII, 6; XXXII, 4; custumes V, 3.

    b. = lat. ŭ. Vor r: burgois VI, 3: sur XXII, 2, 18. Vor Nasalen: summe VI, 3; sunt I, 1; III, 1; VI, 1; IX, 1 u. ö. Die Hds. des Cheu. as deus esp. schreibt überwiegend sunt, ebenso Durmart l. G.

Auch *u* = *auf* steht II, 12, 13; *v* VII, 13; X, 7. Dem ŏ
des ahd. *muntboro* entspricht afr. *mainbour (ó)*; cf. *mainburnie*
IV, 12; V, 27; XXXII, 2.

4. *EU.*

Am häufigsten in *-eur* = *-ōrem*: *cauceteur* XXXII, 5;
costeur X, 20; XXII, 4; *maieur* III, 21; V, 27; VI, 11;
XLV, 5, 7; *meilleur* XXVI, 4; *monseigneur* III, 14; X, 19;
XVIII, 6; *segneur* II, 18, 23; *seigneur* III, 5; V, 14; VI, 25;
XLII, 3; L, 2; *sereur* IX, 4; *sereurs* XIV, 2; XXII, 13; *successeur* XXXVI, 9; *testamenteur* XVIII, 5. — *Illorum : leur*
I, 8, 13; II, 16; III, 10, 22; VIII, 7; XIII, 5, 7; XXII, 20;
heure VI, 23. Im Auslaut, wo *t* geschwunden: *neveu* V, 19; cf.
veue VI, 6; *ueuee* X, 3; XVI, 3 u. ö. — Ferner *preudhomes* VI,
5; XVI, 11. Speziell dialectisch ist — cf. Raynaud a. a. O.
S. 74 — *seur* = lat. *super*, wofür oben schon *sor*, *sur* belegt wurde; *seur* II, 16; III, 15; V, 4, 10, 50; XVII, 9;
XL, 5; *deseur* XXII, 42; *supra : desseure* VII, 4. M. Brut.
2726, 3483, cf. Raynaud, S. 74.

Die 3 ersten Schreibungen *o, ou, u* sind zusammenzunehmen: alle 3 bezeichnen einen und denselben Laut, ein
sehr tiefes geschlossenes *o*, dessen Klangfarbe dem *u* ausserordentlich nahe gestanden haben muss: daher die überwiegend häufigste Bezeichnung durch *ou, u*. Dass *ou* hier nicht
etwa ·Diphthong, sondern nur ein Versuch ist, der zwischen
tiefem *o* und *u* schwankenden Aussprache in der Schrift
gerecht zu werden, bedarf wohl kaum der Erwähnung. Dass
die 3 Orthographien keinen phonetischen Unterschied bedeuten, erhellt schon daraus, dass ein und dieselben Wörter
in allen 3 Schreibungen auftreten. Ob überhaupt geschlossenes afr. *ó* jemals den Gegenden nach verschieden gesprochen wurde, scheint mir zweifelhaft. Lückings Auseinandersetzungen a. a. O. S. 176 ff. über diesen Punkt konnten
mich nicht überzeugen. — Wie sehr die Aussprache von
ó im Ostfranzösischen des 12. und 13. Jahrh. zu *u* hinneigt, dafür mag auch die Wiedergabe dieses Lautes im

Mhd. zeugen, die überwiegend *u* ist. cf.: *amûr* Trist. 12029.
14914; *lêâl amûr* ib. 1360. *bêâ flurs* Parz. 732, 14. — *barûn*
Trist 4050. 5959. 8595 u. ö. *pavelûne* ib. 5350. 5586 u. ö. *lrunsûn*
Nib. 1247, 2. *garzûn* ib. 222, 1. — *vûs* Trist. 740, 19217. — *juven*
Parz. 271, 9; 286, 26. *kurtosie* Trist. 2294. *furke* ib. 2935. *ju-
vente* ib. 3138. *tun cors* ib. 2395. *voluntiers* ib. 3611. *munde*
ib. 12563. *mun dolorous* Erec 1656. *juste : geluste* Lanzel.
4471. — *muntanie* Parz. 742, 4 (Hds. d.). *kumpanie* ib. 147,
18. *kunrieren* ib. 167, 13; 256, 30. *kunreis* Will. 59, 18.
cumpanjûue Trist. 5463. — *cum est biâs et cum curtois* Trist.
3361 u. a. Beispiele m. Dass die mhd. Dichter und Schreiber
die französischen Wörter nach dem Gehör niederschrieben,
ist höchst wahrscheinlich. Derartige Schreibungen können somit manche schätzbare Fingerzeige für die Beurtheilung der
afr. Aussprache geben und zwar speziell der ostfranzösischen.
Denn es liegt nahe, dass die Deutschen der damaligen Zeit,
die ihr Französisch noch nicht aus Plötz und Thibaut, sondern durch mündlichen Verkehr meist lernten, gerade vor-
züglich die nächsten welschen Nachbaren, die Ostfranzosen,
hörten und deren Sprache sich aneigneten.

Noch ein paar Worte über *eu* = *ô*. Die Entwicklung von
ô : eu ging durch einen Diphthong *ôu* (s. Lücking S. 203), der
aber nicht etwa in der obigen Schreibung *ou* vorliegt. *Eu* war für
ô in der Endung *ōrem : eur*, auch sonst vor *r*, im Auslaut und
auch wohl vor *s* in *-osus : -eus* [1]), wofür freilich keine Belege
vorliegen, zur Zeit unserer Urkunden bereits seit längerm
eingetreten: das beweist zur Genüge die überwiegende Mehrzahl der Schreibung mit *eu*, der gegenüber die paar Fälle
mit erhaltener früherer Orthographie *lor*, *Signor* u. s. w. wenig ins Gewicht fallen [2]).

---

1) cf. Tobler *vrai aniel*, XXV, XXIX, Knauer z. afr. Lautlehre S. 37.

2) Warum heisst es stets *amour* gegenüber *douleur*, *hau-
teur* etc.?

O ouvert, *ǫ*, mit offenem hohen Laute, cf. Lücking S. 149 ff.

1) = lat. *au : coses* XXXIX, 11; *choses* VI, 22; *otria* XII, 2; *otrie* II, 11; *otroi* V, 18; *orront* XXXVI, 2; *looil* XLIV, 17; *parole* XIX, 12; *poure* XXXVII, 27; dass *aut* ausweicht und zu *ou (ó)* übertritt, ist oben bemerkt.

2) = lat. ŏ in Position. *corne* V, 32; *hostes* II. 7; *no* (= *notre*) II, 21; *ostage* I, 9; V, 2; *portent* V, 5; *sol* V, 7, 12, 60 u. viele Beispiele mehr. — Romanische Position bildet *ri VOC (rj)*, daher *memore* XV, 11 etc.

Ich komme zur Behandlung von lat. ŏ¹) in hochtoniger Silbe. *Demǫro* schlägt sich zu ŏ *(ó)*, wie Tobler zuerst nachwies. S. S. 43. Lat. *fŏris* weicht ebenfalls aus und zwar nach *ǫ* (*forris* statt *fǫris* mit Lücking S. 169 anzusetzen, ist Willkür). Unsere Urkunden haben *fors* III, 17; *hors* IX, 5; daneben aber auch entsprechend der gewöhnlichen Entwicklung von lat. ŏ, wofür L. a. a. O. aus Val. Fragm. *foers* anführt: *huers* V, 26, 58. Für die abweichende Behandlung von lat. *locus*, *focus*, *jocus* bieten unsere Urkunden keine Anhaltspunkte: *leu* LI, 77 gehört ja einer nicht pikardischen Urkunde an. S. übrigens die schon recht reiche Litteratur, Lücking a. a. O. 170 u. Nachtrag S. 265; Mussafia Zs. f. rom. Phil. I, 409, Anm. 3. Förster, *cheu. as deus espees* S. XLI, Tobler, *vrai aniel*, XXV, die beiden letzteren speziell über *lieu*.

Sonst bieten die Ch. de Vermandois in betonter Silbe regelrecht *ue* oder *eu*, beide ganz promiscue, ein Beweis, dass beide Schreibungen in der Aussprache sich schon völlig gleich kamen und zusammen denselben phonetischen Werth *ö* repräsentiren, der auch dem *eu (= ó)* zukommt.

UE. puet XLI, 5; XLII, 2; *pueent* VII, 13; LI, 130 und

---

1) Försters gründliche und unendlich fördernde Abhandlung hierüber (sie erscheint demnächst Rom. Stud. III, 174 ff.) geht mir soeben bei der Corr. durch den geehrten Herrn Verf. zu; ich konnte sie leider nicht für das folgende mehr benutzen.

puent X, 15. cf. *Cheu. as deus esp.* 7575, 7622, 11055.
(pueuent LI, 56) *puestich* XXXVII, 5. — *welent* XXII,
40 als *uuelent* wohl zu nehmen, wie Richars li biaus v.
5106 Tobler, Gött. gel. Anz. 1874, S. 1049 *wet* d. h.
vuett liest. *Duellet* IV, 6; *Dueillet* IV, 16; V, 38; *muet*
XXVI, 5; *nueme* III, 12; *Nueville* XXXVIII, 3; *Nuevillette*
XXX, 2. — *iluec* LI, 137, in welcher Verbindung *loco* die
gewöhnliche Entwicklung von ŏ theilt; *entrues (inter hoc ips.)*
XLIV, 9; *auuec* XXVIII, 6; *auveic* d. i. *avueic* XLIV, 7. —
suer XI, 11.

EU: peut XLIII, 3; *neuue* IX, 15; *Heudain* XIV, 9 (cf.
Huedes V, 47, 66; XLIII, 2); *aveuc* Ch. d'Aire C. 5. Auch
das dem lat. *mōbilis* mit lang. ō entsprechende *meules* VI, 9;
XV, 3. Ch. du Ponthieu *moebles* X, 25 u, ö.; *muebles* XXII,
39; XXVII, 22, 23 etc. rangirt hierher: *eu* ist hier nicht
Fortsetzung von *ó (= ō)*, sondern Schreibung statt früherem
Diphthong *ue (muebles* M. Brut 3832); *mōbiles* lehnte sich
an Formen von *mŏvere : muet muevent* etc. an, so mit Recht
Mussafia Zs. f. rom. Phil. I, 410.

OE steht in *auoec* V, 54.

In unbetonter Silbe erhielt sich ŏ und hat bekanntlich
den Lautwerth von *ó* (Mall, S. 45). *moroit* XIX, 13; XXI, 6;
mosrist XXI, 11; *pooient* XXXII, 13; *poroie* II, 15 u. s. w.

Uebergang von *ue, eu (=ö) : e* ist dem Franz. geläufig, cf.
nfr. *avec* etc.; *alec* (Burg. II, S. 299) XVI, 16; vergl. *illeques*
Cheu. as deus esp. 634 (S. 386); *auecques* ib. 10532 etc.; *pevent*
Oork. Holl. II, 714. Auch anderes (nicht aus ŏ entstandenes)
eu : e s. o. S. 42; *miedres, dels (= duels), ueil*; *segner* Oork.
Holl. II, 472. Selbst *deu : de* z. B. *merci de* Förster, Zs. f. d.
öster. Gymn. 1874, S. 147 u. s. w.

Ich gehe zu den Diphthongen über.

AI. Erledigen wir zunächst den bekannten Fall, dass
afr. *ai* aus lat. betontem *a* — die Quantität ist indifferent
— vor einem Nasal sich entwickelt. Dass *canis : chien, kien*
VI, 2 *(kienne* XVI, 3) hiervon ausweicht, ist dem Einfluss des

vorhergehenden *ch*, *k'* zuzuschreiben, demgemäss das Wort demselben Lautgesetz folgt, das in *chief, chier, chiet, chies* etc. wirkte: der Einfluss von *k'*, *ch* überwog den von *n*. S. auch Havet, Rom. 1877, S. 323 f. Die Beispiele sind nun folgende: *Adain* III, 4, 10; IX, 8; *ainsne* XIX, 14; *antain* XVI, 3; *aparmain* XLII, 5; *castelains* V, 16, 65. *Ermain* X, 6; *estraim* V, 5, 21; *estrain* VII, 3; *Euain* XVII, 3. *Fontaines* V, 68; *germain* XXXV, 8; XLV, 3; *germaines* XLV, 12, 15. *Hesain* X, 4; *Heudain* XIV, 9; *mainburnie* IV, 12; V, 27; *l'endemain* XXXVII, 35; *maint* XLVII, 3; *Malesmains* III, 2; *premerain* V, 43, 74; *trauersaine* V, 50.

Unsere Urkunden weisen es zwar nicht auf, aber es kommt pikardisch und ostfranzösisch vor, dass in dem Ausgang *-aine ai* das *n* sich assimilirt und *aigne* entsteht; cf. Ch. d'Aire *semaigne* J. 47; *paingne (poena)* Amis u. Amiles V. 3059 u. ö. Dasselbe ist im modernen Pikardisch der Fall: *-aine : -aigne*; *fredaine : fredaigne*; *dousaine : douzaigne*; cf. den freilich recht unzuverlässigen J. Corblet, glossaire étymol. et comparatif du patois Picard, ancien et mod. (Paris 1851) p. 129; cf. Rich. li biaus 1253 *uaingne (ueniat) : fontainne;* 4529: *plainnes (plenas) : compaingnes*, wozu Förster noch andere Beispiele aus dem Lyoner Isopet (a. a. O. S. IX.) beibringt. Da der Verf. von R. l. b. nur sehr wenig rein und gewissenhaft reimt, so wagte Förster nicht, auf Grund jener Reime auf einen dem Osten eigenthümlichen Vorgang, die Erweichung von *n : ñ*, zu schliessen. Ich glaube, man braucht nach obigem nicht so bedenklich zu sein; cf. übrigens mhd. Schreibungen wie *funtanje* Trist. 16742, 17349 u. ö.

Ferner entsteht *ai* unter Hinzutritt eines parasitischen *i*. Dasselbe kann seinen Ursprung oft der Erweichung eines Gutturals verdanken, die aber nur zwischen Vokalen und allenfalls vor *r* statthat: Mittelglied ist *y* (Thomsen S. 107). Hierhergehörig sind: *mais* V, 31; *mai* IX, 23; *maistre* V, 2, 59 u. ö.; *paie* II, 15; III, 15; *paier* III, 17 u. ö. — *maires* XVIII, 1; XIX, 1; *sairemens* XLV, 2. Auch *plait* XIV, 6 ist hierher zu rechnen, wenn man (cf. Thomsen, a. a. O. S. 120) die Entwicklung *plakʹitum*, *plagʹeto, *playeto ansetzt, nicht, wie Diez und Joret wollen, *placium*; cf. Joret du *C* etc. S. 335, auch Anm. 2).

In den übrigen Fällen ist der nachfolgende Consonant zu einem gewissen Moment mouillirt oder palatal gewesen, und diese Aussprache hat ein *i* vor sich erzeugt (cf. oben S. 23 ff. und den dort citirten Aufsatz von Thomsen). Vor urspr. *nct : saint* I, 4 u. ö. (*sanʹto). Vor *ct : fait* I, 5 u. ö. (*fatʹto*); *forfait* VI, 12; *trait* VI, 2; (*plait* XIV, 6? s. o.). Vor lat. *x : laissa* XV, 3; *laissai* XI, 2. Vor lat. *c: pais* VI, 5; XXII, 24; *paisiblement* XXII, 11 (Thomsen S. 118); *faisant* XIX, 4. Vor *ti* + *VOC: raisons* XXII, 29. Vor lat. *si* + *VOC: maison* I, 3; VII, 3 u. ö.; *maison* IV, 7; *ma(n)sionata: maisnada* (Thomsen, S. 110) gab *maisniede*, dafür XIII, 11 mit etymologisirender Schreibung *maīnsnée*.

Vergl. endlich *ai* in *frais* XXXVII, 20; XLVI, 7; L, 1; *li frai* XLIX, 1.

Zu erwähnen ist ferner die von Förster chev. as deus espees S. XXXIII f. aus Lyon. Yzop. 3040 *greuerai* (3. P.): *ferai* (1. P.) — cf. *redirai* Ch. as d. esp. 5340, *dirai* 7612 (3. P.) — belegte Erscheinung eines *ai* für *a* in der 3. Pers. Sgl. einiger Tempora, die nach F. der Pikardie recht eigenthümlich und von da sporadisch weiter in südliche Gebiete gedrungen ist: *laissai* XI, 2; (= *laissa* XV, 3 u. ö.) Umgekehrt findet sich statt *ai a* in *fas* = *fais* XXXVI, 15; cf. zugleich mit richtigerm pikardischen Auslaut *fach* Doc. Baill. XXXV; *fas* ib. XXIX; *fas* Ch. du Ponthieu XVII, 1, das Raynaud S. 66 *fais* aussprechen will: „*s = i mouillé, plus s.*" Wo hat aber *s* je sonst diesen Werth? Nicht ganz richtig ist, wenn Förster *fas* st. *fais* a. a. O. S. XXXIV für eine echt pikardische Form erklärt: Streng pikardisch musste sie einmal schon *fach* lauten; andererseits kommt sie mit *a* statt *ai* auch ausserhalb der Pikardie vor: Burgundisch-lothringisch (cf. Fleck, a. a. O. S. 22), wo ja überhaupt auch gerne sonst wie im Pikardischen *a* für *ai* in Verbalformen wie *sa*

= *sai, dira* = *dirai, faura* = *faurai* etc. eintritt: Förster a. a. O. XXXIII; dann kommt *fas* centralfranzösisch vor; endlich auch normannisch; cf. z. B. Settegast, Benoit de St. More S. 22 (*bras : fas* etc.). Dieser Uebergang von *ai : a* muss recht alt sein und aus einer Zeit stammen, in der noch *ai* als *ái* d. i. als wirklicher Diphthong (und nicht = *e*) gesprochen wurde.

AI und *EI* sind vor Nasalen in der Aussprache einander schon durchaus gleich geworden, so dass sie in der Schrift beliebig mit einander wechseln können. Es kommen nicht nur Fälle vor, wie sie Raynaud a. a. O. S. 67 belegt, in denen *ain* für *ein* steht, sondern auch umgekehrt *ein* für *ain*.

1) *ain* für *ein :* a) = latein. *ẽ : plain* XV, 10; *plaine* VI, 6, 16; gegenüber *pleine* XV, 11; *paine* VI, 16; *Rains* V, 23. — b) = latein. *ĩ: mains (minus)* III, 7 u. ö. (cf. Richars li biaus V. 1145, 1922, 2311, 4545 u. ö.; *maine (*minat)* Cheu. as deus espees 1417) gegenüber *meins* XXX, 4; vergl. auch *ainsi* XV, 7; auch *ensi* XVI, 4; XVII, 4; XIX, 13 etc.

2) *ein* für *ain: Funteines* XXX, 3; cf. auch *Marien* statt sonstigem *Mariain* XX, 11; XXXI, 17 u. ö. Vergl. übrigens die gründlichen Untersuchungen Lückings über *e, a, ei, ai* vor Nasalen a. a. O. S. 106—129.

Ich schliesse hier das wenige an, was noch über *ei* zu sagen ist. Das meiste musste bereits an verschiedenen Stellen vorweggenommen werden: *ei* für *ẽ* s. S. 15 ff. u. s. w. Was die 2. Pers. Plur. Präs. der 2. Conj. auf *-eiz (aveis* XLII, 9; XLIII, 6) anbetrifft, so ist hier nicht etwa an eine aussergewöhnliche Erhaltung von *ei* (statt Weiterentwicklung zu *oi*) zu denken, sondern wie sonst *-oiz (eiz)* der Analogie der 1. Conj. *-ez* wich, so trat hier in der 2. Conj. *-eis* statt *ois* aus Analogie zu dem *eiz* = *êz* = *átis* der 1. Conj. ein.

Man beachte das *ei* in *leismoins* XXII, 29; XXXVI, 23; *auueic* XLIV, 7; *poeil* XXXIV, 8.

OI.

1) = lat. *ĕ*. Vor *b* in der 1. 2. und 3. P. Sgl. und 3. P. Plur. des Imperf. und Condit. aller Conjugationen: *prendoit* III, 15; *auoient* I, 3; II, 9 u. ö.; *disoient* XXXVI, 18; *deuoient* XXXII, 13; *pooient* ib.; *poroie* II, 15; *renderoit* VI, 15 u. s. w.; ferner vor *b* in *doit* V, 21; XXXV, 10 u. ö.; *doiuent* III, 11, 16. — Vor *r*: *sauoir* II, 1; XIII, 1; *hoirs* II, 10, 12; VI, 7; *oirs* III, 5, 10; *voirs* XXX, 7; *rauoir* XXI, 7; *recevoir* XLI, 4; in derselben Weise, wie für *oir* aus *oriVOC* auch *or* (cf. *memore* XV, 11; s. o. S. 39) eintritt, findet sich auch im vorliegenden Falle *o* statt *oi*: *auor* VI, 3, 8 gegenüber *auoir* XII, 4. — Vor *t*: *moie* III, 4; XIX, 7; XXII, 3. — Vor *s*: *trois* XX, 3 u. ö. — Vor *ns*: *mois* I, 15; VI, 26; VII, 18; *bourgois* II, 3 u. ö. Vor *g*: *loi* XXXIX, 9 u. ö.; *roi* III, 24; VI, 4 u. ö. — In offener Silbe: *moi* II, 11; sonst *mi*; s. oben S. 22.

2) = lat. *ĭ* in der Tonsilbe: Vor Dent.: *coi* XXII, 26; L, 8; *foi* VI, 17; XLV, 2 u. ö.; *soit* XXII, 42. — Vor Labial.: *anchois* XXI, 6, 11 etc. — In offener Silbe: *uoie* I, 5; *envoier* XXII, 40; *envoiai* XLVI, 10; *Maroie* XXXVII, 9, 21; XLIV, 1; XLV, 7, 10 u. ö.

3) *oi* entsteht aus *e, i, o, u* + parasitisches *i*, das wiederum entweder seinen Ursprung aus einem erweichten Guttural herleitet, oder aber sich aus einer einmal mouillirten (palatalen) Aussprache des nachfolgenden Consonanten entwickelt.

a. Aus *e* + *paras. i*: *doiens* XXXVI, 1 u. ö.; *loial* XXVI, 11; XXXVIII, 3; *loioument* V, 2; XIII, 10, 13; *moitie* IX, 2; XIV, 4; XV, 4; XVI, 7, 19. — *Drois* I, 13; XX, 14 u. ö.; *droit* III, 19 u. ö. u. s. w.

b. Aus *i* + *paras. i*: *otroi* V, 18, 25. — *destroit* IV, 1; XVII, 1; *Froissart* XXII, 14; *Poiteuin* X, 19 (cf. *Peitieus* = *Pictavos* St. Leger 4ᵃ = *Petfavos* Thomsen S. 109 f.) u. s. w.

c. *o* und *u* + *paras. i*: *point* IV, 12; XXXIV, 11 u. ö.; *croisies* XXXVIII, 9, 10 u. ö. — *loyes* XXXVIII, 9; *moines*

V, 46 u. ö.; *kanoine* X, 19; XXIII, 8; XXXVI, 4 u. ö. etc.
Die Fälle bieten wenig bemerkenswerthes, dass weitere Beispiele aufzuzählen unnöthig erscheint. (cf. Schuchardt, Rom. III, 279 u. L. Havet, ib. 321 ff.) Das noch seiner Aufklärung harrende *oi* in den Präsensformen des Verb. *aler* vom Stamme *vado* s. XIX, 14 *voist*; cf. Förster, cheualiers as d. esp. LIX, Anm. ***) ¹). — Bekannt ist *oi* für *ai* in *occoison:* cf. *ocoisunee* XXXIX, 13; *ocoison* Cheu. as d. espees v. 5847. Dafür auch *oquoson* XXII, 27, zu vergleichen mit *memore, auor* s. o.; *o* für *oi* ist nicht bloss ostfranzösisch, wie Förster (cf. Zs. f. d. österr. Gymn. 1874, S. 136, 147, 149) und Stengel (cf. Zs. f. rom. Phil. I, 478) wollen, sondern auch auf normanischem Boden nichts ungewöhnliches; s. u. a. Settegast, Benoit de St.-More, S. 23.

Für *oi* kommt endlich auch *i* vor, besonders vor *i*-haltigen Lauten *(l̃, ñ, s = lj, nj, sj, tj)*, vor denen auch *ai*, *ei* zu *i* wird. (Cf. Mussafia, Zs. f. rom. Phil. I, 409.) Dieser Uebergang mag zuerst und gesetzlich nur in unbetonter Silbe stattgefunden haben und kommt in unsern Urkunden thatsächlich auch nur in solchen vor: *reconnissance* XVIII, 10; XIX, 8; XXV, 5. (*conissoit* LI, 92.) cf. Ch. d'Aire: *connissenche* H, 77; *orisons* A. 27; *sissante* E, 35 *(soissant* D, 15; *sexante* F, 43 latinisirend); cf. gar *diens* F, 39 für *doiens*. Wurde dies etwa *doïens* gesprochen, und hat somit auch hier die Entwicklung *oi : i* vor einem *i*-haltigen Laute *(j)* stattgefunden? Cf. *venison, demorison, pamison* etc., überall statt *-aison (-ationem) -ison*, Cheu. as deus esp. S. XXXIX. Von den unbetonten Formen dringt *i* dann durch Analogiewirkung bisweilen auch in die betonten: *desconnistre* ch. as II esp. v. 6979, das dann nicht, wie ich glaube, mit Förster (cf. S. 408) in *desconnoistre* geändert zu werden braucht.

---

1) S. Böhmers rom. Stud. III, 181 Anm. 10).

An *oi* reiht sich passend *ui*, das ja in sehr vielen Fällen älterm *oi* entspricht (*òi* cf. Lücking S. 152, 154).

    a. = lat. *ui* in *lui* III, 5; in *fuissent* II, 15 (cf. *fusent* III, 15) wohl = *u* lautend u. s. w.

    b. = lat. *u* + *paras. i : cuitoit* XXI, 10; *cuitoient* XXI, 12; *cuiteroient* XXI, 13 etc. = vulgärlat. **cūgitare* cf. Havet, Rom. III, S. 330, den Lücking S. 157 citiren durfte; *cuirie* XLIX, 3; *Juin* II, 27; cf. *tuile* V, 5, 21. = *tiule, tegula*, Lücking S. 265 u. s. w.

    c. Parasitisches *i* tritt zu *o* in lat. Position : *puis* IV, 5; V, 19; IX, 3; XLIV, 21 u. ö. = *post*; oder auch *o* in romanischer Position: *hui* VI, 9; *puis (podium)* V, 29; *puissent* VI, 8; *puist* XXXVIII, 12; *mui* XL, 4; *muis* XXX, 3 etc.

Merkwürdig ist *ui* (*i* parasitisch wohl aus dem nachfolgenden *s* (= tönendem *s*), das vor *i* palatal artikulirt wurde) in *cuizine* XLV, 7 neben *couzine* XLV, 10; *couzins* ib. 3. Ist dies *üi* oder *ui?* Kommt es weiter vor? — Cf. ferner *cuite* III, 9 für *quite* VI, 6 u. ö.

IE. Ich war gerade im Begriff als Resultat einer eingehenden Untersuchung eine neue Ansicht und Auffassung von der Natur des afrz. Diphthongs *ie* in folgendem darzulegen, als der Artikel HAVETS Romania VI, 322 ff. „*la prononciation de ie en français* mir zu Gesicht kam, der ziemlich dasselbe aufstellte, was ich mir als Ansicht über das afr. *ie* gebildet hatte. Es gereicht mir zur Freude mit diesem Gelehrten im vorliegenden Punkte übereinzustimmen: Möchten die nachfolgenden Auseinandersetzungen neben den seinigen nicht ganz überflüssig erscheinen. Ich komme mit Havet in der Auffassung überein, dass *ie* ursprünglich und anfänglich ein fallender Diphthong = *ìe* war, und dass dieser dann in seiner weitern Fortentwicklung zu einem steigenden = *íe* vorgeschritten ist, ein Vorgang, der dann wiederum zuerst im Anglonormannischen und vielleicht auch im Normannischen des Festlandes erfolgt ist. Will man nicht so weit gehn und die allgemeine ursprüngliche Existenz eines fallenden Diphthongs *ie* nicht anerkennen, so wird man Angesichts der zu erörternden Thatsachen wenigstens zugeben, dass nicht von Anfang an und zu allen Zeiten überall *ie* (steigend) gesprochen sein kann: Zu einer gewissen Zeit werden die Ostfranzosen, wie wir sehen werden, wohl eine dem *ie* (fallend) sehr nahe stehende Aussprache für den Diphthong gehabt haben. *Ie* mag früh eine wiegende Betonung angenommen haben, gemäss der sich der Ton ziemlich gleichmässig vertheilte, so dass eigentlich keiner der beiden Bestandtheile überwog, und die daher eine doppelte Auffassung des *ie* als steigender wie als fallender Diphthong gestattete. So muss sich dann die Aussprache ostfr. ziemlich lange erhalten haben, während das Westfr. sich bald für *ie* entschied. Ich war ausgegangen einerseits von der Analogie der Diphthonge *oi* und *ui*, die ihrem älteren Lautwerthe nach *oi*, *ui*, später *oi̯*, *ui̯* gesprochen wurden, andrerseits und hauptsächlich von der Wiedergabe und Behandlung des *ie* französischer Wörter, sobald sie in mhd. Dichtungen und speziell im Reime auftreten. Hier beobachtet man nämlich die Thatsache, dass afr. *ie* durchgehends mit mhd. *ie*, = einem fallenden Diphthong gebunden war [1]), und zwar war es gewiss die ihnen zunächst liegende ostfr. Aussprache, welche die Deutschen sich aneigneten und die in derartiger Reimbindung reflectirte. Hätte man den franz. Diphthong *ie* steigend aussprechen hören, würde man ihn gewiss passender im Mhd. gereimt haben — schwerlich auf *ie*, vielleicht auf langes *ê* = Anglonorm., wozu die Möglichkeit in der mhd. Sprache doch ganz gut geboten war; (cf. auch italienisch *oriente*: *lucente*, *riviera* : *era*, *chiaro* : *dimostraro* u. s. w.). Ich gebe in folgendem eine Anzahl aufs Gerathewohl herausgenommener Beispiele im Mhd.: *bätschelier* Willeh. 290, 24 (im Reim: mhd. *geloubet mier;* Hs. *z, l, n, x, p mir : baschelir); barbiere* (: mhd. *schiere*) Parz. 265, 29; 598, 1, 2; *fier* (: *tier*)

---

1) Cf. dagegen, was Diez, Gr. I³ 441 Anm. **) sagt.

Parz. 452, 1 u. oft. Wirnt Wig. 10843. Auch im Mndl: *fier*: *hier* Parten. ed. Massmann S. 78, 18; ferner: *forehtier* : *tier* Parz. 592, 10; Willeh. 379, 25; *hersniere (: schiere)* Willeh. 127, 27; mndl.: *mani(e)re (: dire)* Part. 84, 11; *rivieren (: dieren)* ib. 7, 8; *soldier (: tier)* Parz. 64, 20; *(: bier)* ib. 201, 5; *soldiere (: schiere)* ib. 677, 17; *(: viere)* ib. 25, 22. Mhd. *massenide* (neben *messenie*) Parz. 280, 4 (Hds. D.); 610, 18 (Hds. D.); 626, 3; 644, 19 u. ö. durch Hds. D. geboten, dazu mndl. *massenide* Part. 86, 7 u. s. w. weisen mit erhaltenem *d* auf ein altes *maisniede* (afr. *maisnie* mit *i* für *ie* kommt erst vor, als durch Ausfall des *d e* unmittelbar an *ie* gerückt ist). Die afrz. Infinitivendungen -*ir*, *ire* einerseits und *ier* andrerseits werden im Mhd. durchaus gleich behandelt: afr. *conduire* giebt mhd. *condewieren* (Wirnts Wigal. 11515; Parz. 155, 18). Ebenso aber auch afr. *laissier* : *laissieren* Trist. 1999; *leisiren* Wirnt 646 u. a. m.

Einen weitern Grund für die Annahme, dass *ie* ursprünglich fallender Diphthong war, möchte ich in der Entwicklung von -*iée* zu *ie* sehen, welche bekanntlich dem Osten Frankreichs, dem Burgundisch-Lothringischen und dem Pikardischen eigen ist: dieser Uebergang stammt demgemäss, wie ich glaube, aus einer Zeit, wo man noch *iee* aussprach. Ebenso spricht für *ie*, dass auf denselben Sprachgebieten überhaupt gern *i* für *ie* eintritt, was sich doch weit leichter aus *ie* als aus *ie* durch progressive Assimilation erklärt. Leugnet man urspr. *ie*, und erklärt man demnach *i* für *ie* durch progr. Assimilation aus steigendem *ie*, was lautlich immerhin angeht, so muss zum mindesten auffallen, dass das Westfranzösische (Norm. und Anglon.), welches ja schon früh *ie* steigend sprach, trotz dieser gleichen Voraussetzung den Uebergang zu *i* nicht kennt. Es wird für das Ostfranzösische also wohl in der Lautung dieses *ie* schon etwas vorgelegen haben, dass die Assimilation *ie* : *i* begünstigte: Dies war eben die fallende Aussprache, welche schon von vorn herein dem *i*-Bestand des Diphthongs ein Uebergewicht verlieh. Vergl. für den Uebergang zu *i* pikardisch z. B. *entirement* Doc. Bailleul XXXIV, Ch. d'Aire G. 22. *(martirs :) entirs* Phil. Mousk. V. 2646, 8083. *entirs (: safirs)* ib. 8769; *entirement* Holl. Oork. II, Nr. 705 u. s. w. Der Cheu. as II esp. ed. Förster bietet: *abaissir* für *abaissier* 9524 (cf. Försters Anm. S. 415: „Diese Art Inf. d. 1. Conj. ist überaus häufig in Baud. Seb.") *Manire* ib. 4241, *uinent* 1803 (s. Les.), *tint* etc. cf. S. XXXVII¹). burgundisch-lothringischen Denkmälern führt A. Fleck, bet. Voc. S. 26 *brif, bins, Pirres, bire,* (= *biere* Bahre), S. 24 *manire* u. s. w. an. Dieser Uebergang von *ie : i* (nach unserer Auffassung *ie : i*) liegt nach Förster Cheu. as II. esp. S. 415 auch in jenem obigen *ie = iée* vor: d. h. *ie-e (ie-e) : i-e;* wenn Mussafia Zs. f. rom. Phil. I, 411 sagt, dass es vor allem hiebei darum sich handle, ob das Gebiet von *entire*, *manire* etc. mit dem von *ie* (= *iee*) zusammenfalle, so möchte diese Bedingung nach obigen Beispielen als erfüllt erscheinen. Weitere Sammlung von Belegen wird von Nutzen sein. Man vergleiche ferner Assonanzen und Reime wie die folgenden: *ié . . e : ie* (= *ie*) *lumiere, chieres, aumosniere, pierres* etc. zu *Marie, lie, desirre* u. s. w.: Amis u. Amiles 662 ff.; *charriere, doubliere* u. s. w.: *esjoie, dire, felonie, Marie* etc. ibid. 1352 ff. Richars li biaus v. 3137, 8: *uie : vengie* (masc.), das allein freilich wenig ins Gewicht fällt, da der Verfasser liederlich reimt. Baudouin de Condé II, 79 *maistire : dire;* ib. 291 *sire* zu *entire* (cf. Schelers Anm. S. 390). Im Floovant findet sich in weibl. *i*-Tirade V. 1708 *lievent : delivre, vile* u. s. w.; Aye d'Avignon V. 348 *filatieres : Miles,*

---

1) Förster führt ebenda Beispiele an, worin statt *i* ein *ie* sich einstellt: *riere, fierent, roiene,* auch vor anderen Consonanten als *r, n, liet, pries* etc. Wie ich oben den Eintritt von *i* für *ie* aus der Natur des *ie* als fallenden Diphthong erkläre, so ist umgekehrt in dem *ie* für *i* auch *ie* zu sehen; *ie* wäre wohl schwerlich für *i* eingetreten. Es reimen daher jene Worte, die der Copist mit *ie* statt *i* schreibt, auch nie auf den Diphthong *ie,* der damals schon steigend *ié* lautete (cf. *riere : Sire* etc.).

dire etc.; V. 2986 *Bavire* V. 2991 *derrire* für *Baviere*, *derriere*: *mesnie*, *renoïe* u. s. w. Meon, nouv. recueil de fabl. et cont. I, 307 *pire* (= *piere*) : *dire*; Chans. de Saisnes I, 20 *fire* (= *fiere*) : *i* ... *e* etc. Vergl. endlich die weibl. Assonanzen in der Chanson des Loherains Fleck a. a. O. S. 55. Ich denke, dass solche Assonanzen nur bei einer Aussprache *íe* möglich sind; (oder *íe* war zu *i* geworden, was aber auch, wie wir sahen, bei urspr. *íe* am leichtesten erklärlich ist). Es liegt hier ganz dasselbe Verhältniss vor wie bei *uí*. Auch *uí* war urspr. fallender Diphthong *uí*. Dafür sind beweisende Assonanzen *uí* : *u* im Roll. (1047 u. ö.). Amis u. Amiles (2247 u. ö.) etc. genug anzuführen. Später wird dann *uí* : *uí*, daher *uí* : *í*. Phil. de Thaun kennt schon *uí*. Jourd. d. Blaiv. schwankt zwischen *uí* (: *u* V. 2383 u. ö.) und *uí* (: *i* V. 2568). Hieran hat bis jetzt Niemand gezweifelt. Warum sollen nun nicht auch ältere Reime *ie* : *i* für einen ursprünglich fallenden Diphthong *íe*, spätere Reime *ie* : *e* für eine Entwicklung aus diesem fallenden zum steigenden Diphthong *ie* sprechen können? Um so mehr, wenn man die Spuren bedenkt, welche sich von diesem ursprünglichen Verhältnisse älterer Zeit in eine spätere gerettet haben: *i* st. *ie* (*manire*), *íe* = *iée*, Spuren wie sie die ältere Aussprache *uí* nicht einmal zurückgelassen hat. — (Aus Reimen *ie* : *i* allüberall auf mundartliches *i* für *ie* gleich zu schliessen, wie Mussafia Zs. f. rom. Phil. I, 411 will, scheint mir eigentlich nicht zwingend nöthig, ebensowenig, wie man aus Reimen *ui* : *u* oder *ui* : *i* gleich auf dialectisches *u* für *ui* resp. *i* für *ui* schliesst.)

Aus dieser urspr. Natur von *íe* erklärte ich mir denn auch, dass im ältern Afr. *íe* der Regel nach nur unter sich reimte (ausser den genannten Fällen: *i*) und nie wie später mit *e* gebunden war.

Wann ist etwa der Uebergang von *íe* : *ie* anzusetzen. Im Ostfranz., dessen Aussprache den mhd. Dichtern etc. wohl naturgemäss am geläufigsten war, s. o., hat nach den Rückschlüssen, die letztere gestatten, *ie* wohl noch im 13. Jahrhundert bestanden. Doch wollen wir hierauf als chronologischen Anhaltspunkt nicht allzuviel Gewicht legen: Es kann sich immerhin aus früherer Zeit eine gewisse dichterische Tradition gerettet haben, wonach franz. Lehnwörter mit *ie* : dtsch. *ie* gebunden wurden, selbst als man in Frankreich bereits *ie* aussprach. In einer Zeit jedoch, wo wir in ostfranzösischen Denkmälern *ie : e* gebunden finden, muss der Uebergang zum steigenden Diphthong als schon vor einiger Zeit vollzogen angesehen werden. Bis Mitte des 13. Jahrh. halten die Reime noch beide Laute entschieden auseinander. Am Ende des 13. Jahrh. tritt in ostfr. Hdss. schon oft statt *ie e* und Bindung von *ie : e* auf, was den Uebergang von *ie : ie* voraussetzt. Beispiele anzuführen ist überflüssig, die Sache ist bekannt genug. Im 14. Jahrh. wird die Angleichung *ie* an *e* ostfr. immer häufiger. Cf. Zs. f. d. österr. Gymn. 1875, S. 540. Cheu. as deus espees XXXVI. Im Anglonormannischen ist der Uebergang zum steigenden Diphthong bereits sehr früh anzusetzen: Reime *ie : e* in diesem Dialecte sind bekannt; cf. die vielen *e* für *ie* im Oxforder Rolandscodex, die Förster a. a. O. XXXVI, Anm. *) anführt u. a. m. Ebenso ist wohl auch in der continentalnormannischen Mundart früh die Aussprache *ie* eingetreten: s. über die Bindung *ie : e* dort Koschwitz, rom. Studien II, S. 56 ff. u. Voyage de Charlem. etc. S. 42 Anm. 1); Suchier, Zs. f. rom. Phil. I, S. 569.

Dass die Existenz eines urspr. *ie*, späteren *ie* wirklich Thatsache ist, glaube ich erhärtet zu haben. Das wie? des Vorgangs ist freilich schwierig zu erklären. Dass das *ie*, welches lat. betonten kurzen *e* entspricht, zuvörderst *ie* gelautet habe, findet man vielleicht schon erklärlich *(pĕ dem : piet* etc.*)*, bedenklicher wird man sein, bei *ie* = lat. *ē* + paras. *i* in den bekannten Fällen („*après un phonème lingual posterieur quelconque: i e y l d l ñ k' g̃*"; Havet a. a. O. S. 323) ursprüngliche Aussprache *ie* anzuerkennen. Man wird fragen: Wie kann ein parasitisches secundäres *i* schliesslich den Hauptbestand des Diphthongs ausmachen? Die Art und Weise aber, wie Havet (cf. a. a. O.) überhaupt einen Diphthong *ie* entstehen lässt, erklärt auch die Möglichkeit von fallender Betonung in jenem zweiten Falle. „Le latin classique dit *pĕdĕm* avec *ĕ* aigu; le l. vulg. dit *pĕdĕ* avec *ĕ* intense; sous l'influence de l'intensité l'ancienne voyelle aiguë se prolongue et devient double en durée, ce qui mène à *pĕĕdĕ*". Nach einem Gesetz alsdann, das H. „refraction des voyelles longues" nennt, nehmen die beiden Bestandtheile des Diphthongs *ĕĕ* jeder eine bestimmte Nuance an und aus *pĕĕt* wird *pĭet*. Wir haben somit Diphthongierung des urspr. einfachen Vokals unter dem Einfluss von circumflectirender, zweigipfliger Betonung, die auf allen Sprachgebieten geläufig. Cf. Sievers, Lautphysiologie S. 117, 131; Paul und Braune, Beiträge zur Gesch. d. d. Spr. u. Lit. V, S. 161. Da die Natur des zweigipfligen Accents darin besteht, dass, „nachdem der Vokal den Moment seiner grössten Intensität bereits passirt hat, eine abermalige Erhöhung der Intensität, die Bildung eines zweiten Accentgipfels, ohne dass jedoch das Mass des ersten erreicht würde, stattfindet", so entsteht naturgemäss ein fallender Diphthong mit grösserer Accentstärke (Acut) des ersten Theils. Ebenso bei *a : ie* z. B. *karum : kaaro : kaĕro;* unter dem doppelten Einfluss nun einerseits des zu *k'* (palatal) *ch* sich entwickelnden *k* [1]), andererseits des assimilationskräftigen zweiten Elements *e* entsteht *k'aĕro*, *k'eĕro*. Indem nun der *i*-Gehalt des *k' ch* sich das folgende *e* noch weiter assimilirt, entwickelt sich aus *k'ᵉer* ein *kĭer (chier)*. So hat also nicht etwa — woran wir oben Anstoss nahmen — das parasitische *i* den Hauptton bekommen, sondern es verband sich — roh ausgedrückt — mit dem bereits höher betonten ersten Bestandtheil eines fallenden Diphthongs.

---

[1]) Wo ein solcher Einfluss nicht wirkt, bleibt *ae* (s. *maent* des Eulalial.) und wird dann *ai*. S. Havet. S. 324.

Für unsere Urkunden ist *ie* natürlich schon *ie*. Die einzelnen Fälle sind folgende:

1) = lat. kurzem aber betonten *e*. *pies* XXXII, 11; *pieces* XX, 3; *siet* III, 8; IV, 9; V, 28; XI, 3; XXIX, 4 u. ö. — *bien* I, 13; *rien* VII, 12; XXII, 38; *tient* V, 60; *sien.* VIII, 3; *nient* VIII, 6; *tienent* XIII, 3; *vient* XXI, 8; — *vies* XII, 5; — *deriere* I, 5; IV, 5, 9; *entierement* XVI, 4; XXIX, 12; *Pierres* V, 3; V, 22; (obl. Cas. *Perroun* V, 10, 25, 29; VII, 15; aber auch *Pierre* V, 20). — *Disdier* XI, 4; -*ērium* von *monastērium* gleicht sich an -*ĕrium* an: *moustier* XXVII, 5 u. ö. — Cf. endlich stets *Dieu* XXVIII, 4 u. s. w.

2) Gemeinfranzösisch ist auch *ie* aus betontem lat. *a* unter den bekannten Bedingungen, hervorgerufen durch die einmal mouillirte resp. palatale Aussprache gewisser vorhergehenden Consonanten (cf. Thomsen a. a. O. S. 109, 110 u. Havet a. a. O. S. 323) und nach *i*-haltigen Diphthongen, deren *i*-Element sich aus Erweichung eines zwischen Vocalen oder vor *r* stehenden Gutturals herleitet.

a. *eskievin* I, 1; III, 1, 21; IV, 1; V, 1, 9, 17; VII, 1; IX, 1; X, 1; XI, 1, 4; XII, 1; XX, 1; XL, 1 u. so oft, jedoch nicht durchgehends, sondern auch mit blossem *e : eskeuins* VI, 4, 21; XIII, 1; XX, 1, 8; cf. Ch. du Ponthieu *eskevin* I, 1; II, 1; XI, 1 etc; *kief* I, 6; XI, 14 u. ö.; *kies* IV, 14; V, 22 u. ö.; *Kien* VI, 2; *Kienne* XVI, 3; *markie* X, 24; XXVII, 4; *markiet* XII, 5; XL, 6; *Mikiel* XIV, 5; XVIII, 7; XIX, 7; XXXIV, 9; *Mikieus* XXXIV, 1 u. s. w.; *carchies* XXVI, 18. S. Förster chcu. as deus esp. S. LIV, bes. Anm. *).

b. *sachies* XLVIII, 8 u. s. w.; *pronounciet* XXII, 31; *pronuncierent* XXVI, 18; *renonciet* XXXVIII, 9 u. s. w.

c. *conseillierent* XXVI, 17.

d. *aidier* XXVI, 15; XXXVIII, 11; *aquitier* XXXIX, 9; *cuitie* X, 2; *croisies* XXXVIII, 9; *moitiet* XLIV, 2. [*(a)paisier* LI, 130; *apaisies* LI, 136; *brisier* LI, 77 s. Böhmer rom. Stud. I, 602; Mussafia Zs. f. rom. Phil. I, 411] u. a. m.

e. *paiier* V, 37, 62; daneben *paier* sehr häufig, wie ja gewöhnlich in diesem Falle das *i* in der Schrift unterdrückt wird: *paier* V, 49; XI, 9; XXXVIII, 5; *paie* II, 15; III, 15; XI, 8; cf. endlich *Mouniier* V, 60. Besonders zu erwähnen sind die Fälle, in denen *iee : ie* wird; cf. *sient = sieent* VII, 6, 19; XXI, 4, 17; XXXIII, 7 gegenüber *sieent* III, 6. Diesen Uebergang scheint Raynaud nur für Part. Perf. Pass. zu kennen; sonst würde er im Texte seiner Urkunden nicht consequent *sient : sie[e]nt* ergänzen. cf. X, 7, 9 u. ö.; s. Jen. Lz. 1878, 163ª. Weitere Beispiele bieten unsere Urkunden nicht; für *maisnie* steht XIII, 11 *mainsnee*.

Sehr wichtig und beachtenswerth ist, dass unsere mehr südlichen Urkunden den Uebergang von ursprünglichem lat. Positions-*e : ie (bielle, foriest, tieste, apriest* u. s. w.), der vielen, besonders den westlichen Gebieten der Pikardie (vor allen dem Wallonischen) eigen ist, durchaus nicht kennen. *Niece* XLV, 18 und *tierce* XX, 4, die hierher zu gehören scheinen, unterliegen anderen Gesichtspunkten. Man beachte das Vorhandensein des Hiatus-*i* der folgenden Silbe; cf. Mussafia Zs. f. rom. Phil. I, 410; *niece* und *tierce* sind ja auch gemeinfranzösisch. Ueber weiteres Vorkommen von *ie* für *e* in Position s. G. Paris, Alexiuslied S. 269; Tobler, vrai aniel S. XXII; Knauer, zur afr. Lautlehre S. 3 ff. Ch. d'Aire haben consequent *ie : ciencquante* E, 10; *moliesle* N, 62 u. ö. Der pik. Copist des Cheu. as deus esp. lässt ebenfalls überall *ie* einfliessen: *tieres* etc., s. Förster S. XXXVII; Doc. Baill. *siet (= sept)* XVIII, *fieste* XXXVII, *tiemoing* ib., *apries* XLIII, *molieste* XXXIV, *hierbegierent* Phil. Mousk. 12287, *honniestre* 12573, *convierti* 12637, *tierre : gierre* 12238, *fieste : tieste* 12229. Phil. Mousk. Suppl.: *tiere* 27, *tiermines* 25, 26, *sietembre* 28, *apries* 25, *ciertainement* 25 u. s. w. Oork. Holl. II, 478, 666 *tiere*, ib. 666 *wiere*, ib. 479, 667, 722 *tiesmoignage*, 732 *apielei* u. s. w.

Ueber die Behandlung der tonlosen Vocale ist noch einiges nachzutragen. Vor allen die Schwächung in das farblose *e*. Aus *a: ennees* XXXVI, 21; *remennants* XXXIX, 11, 14; *menniere* XXXIX, 14; *traueillast* VI, 13 *(e-ill = el')*. Auch der cheu. as II espees hat *traveillie;* cf. V. 9602 *traueillent* unter dem Accent mit *ei-l̃* für *ai-l̃*. *Lasere* V, 7, woneben *Lasre* XVII, 12; XXI. 2.

Aus *i: Anbegni* XXII, 14; *vegile* XXVII, 8; *previleges* XXXVIII, 10; *frepiere* XLV, 10; *Felipes* V, 8, 71; *seelees* öfter. Aus *o: Jehen* I, 11; *Jehan* II, 4, 10; V, 12. Die Form *men = mon* ist hier ebenfalls zu nennen: In Folge der Anlehnung an das folgende Wort steht ja auch *men* in unbetonter Silbe: cf. II, 4; II, 25; XLVI, 9; ebenso *sen = son* III, 6; IV, 10; V, 2; VI, 10; IX, 2; XI, 12; XIII, 13; XV, 2; XXII, 16; XXXV, 8; XXXIX, 13. Ferner *segnerie* XXII, 4; *sereur* IX, 4; *dena* XXII, 6; *dener* XXII,36 neben *dona* XXII, 8; XXIV, 3.

Aus *u: sercot* XLVI, 9 [*semons* LI, 23]; *volente* II, 4.; XIII, 6.

Vergl. für *eglise* VII, 15, *iglise* V, 14, 15, 37 auch *glise* XXIII, 9 nach vokalischem Auslaut des vorhergehenden Wortes (wie ebenso proth. *e* abfällt in *spose* Alex. 21^b, 22°, 30^b, 119^b nach *la*, 42° nach *ma*, 11°, 95^d nach *ta*. G. Paris S. 132; ebenso wohl 15^b *sa spede;* cf. *la spee* Qu. l. d. rois S. 66 gegen *od espee* S. 67). Cf. C. Michaelis, rom. Wortschöpfung S. 77, Anm.

In unbetonter Silbe tritt auch *a* bisweilen für andere Vocale ein:

Für *i: alec* XVI, 16 *(illo loco)* cheu. as deus esp. 10712; *caskun* V. 62 u. ö.; *sael* II, 25 (neben öfterm *seel*).

Für *e: aage* XIII, 14; XXI, 12 u. s. w.

Ein *o* in unbetonter Silbe für *a* ist gemeinfranzösisch in *Noeil* V, 22, 30; VII, 10; IX, 9; XVI, 7.

Endlich cf. *ireutage* II, 21; *auoust* VIII, 11 gegenüber *aoust* XII, 9; XIII, 17; XXIV, 9; *parole* XIX, 12 gegenüber *parle* XLI, 2; cf. Cornu, Rom. IV, S. 457.

Die Sprache unserer Urkunden liebt Erhaltung des sonst dem Ausfall unterworfenen Vokals vor der Tonsilbe (cf. Darmesteter, la protonique non initiale, non en position: Romania V, 140 ff.) in der Futurendung der 3. Conj. -*erai* (cf. Förster, cheu. as deus espees S. LVII); *rendera* XXXVI, 10; *renderoit* VI, 14; *prenderoient* XVII, 10; *recheueront* XXXVI, 9 u. s. w. neben *rendra* V, 14 u. ö. (S. Flexionslehre.) Dieser Vorgang ist jedoch nicht ausschliesslich dem Pikardischen eigen, cf. Darmesteter a. a. O. S. 149. — Dem Gesetze der Behandlung von tonlosem *a* vor der Tonsilbe entspricht regelrecht *Lazere* V, 7, während *Lasre* XVII, 12 u. ö. — *e* aus *a* fällt am leichtesten später nach einer Liquide — ausweicht: Eigennamen fügen sich dem Gesetz nicht strenge; cf. Darmesteter a. a. O. S. 145 Anm. 3. Zu den ib. S. 148 angeführten Fällen, wo bei der Gruppe *v-r*, *v-l* der dazwischen stehende tonlose Vokal scheinbar erhalten ist, lässt sich aus Ch. d'Aire *yretavelement* L, 6; *paisivelement* H, 23 u. s. w. stellen, Formen, die zugleich für den consonantischen Character des *u* in der Gruppe *-aule, -iule* = *-abilis, -ibilis* sprechen können. Auch sonst hält sich pikardisch der unbetonte Vokal scheinbar bei der Gruppe Muta + Liquida: *capiteles* Ch. d'Aire E, 30; R, 12; S, 85 u. ö.; *onkele* K, 4; *aposteles* A, 25; ja ursprünglich neben einander stehende Muta und Liquida nehmen gerne ein tonloses *e* zwischen sich, cf. *Bieteris* Ch. d'Aire E, 15, 18 (*Beatris* F, 1); *egelise* K, 17. Wie in den zuletzt genannten Beispielen das *e* secundär ist, so auch in den vorhergehenden, so dass es im Grunde durchaus ungenau ist, in diesen von einer Erhaltung eines sonst dem Ausfall unterworfenen Vokals vor der Tonsilbe zu reden. Die lautgesetzlich entwickelten Formen sind vielmehr *rendra, prendroient, capilles, onkle (sovrain, bevrage, ovrer* etc., s. Darmesteter a. a. O. S. 148); der den Liquiden aber als Sonoren (cf. Sievers Lautphysiologie S. 25 ff.) eigene Stimmton erzeugte einen Vokal neben ihnen: Dieser ist nicht eigentlich ein tonloses *e*, sondern wir haben überall vokalisches (sonans) + consonantisches *l, r*.

CONSONANTEN.

L ist in unseren Urkunden natürlich bereits vor nachfolgendem Consonanten [1]), gleichviel ob die Consonantenverbindung schon lateinisch oder erst romanisch ist, vokalisirt [2]). *Al + Cons.: Aubris* V, 17, 55; *aumosne* VIII, 2; XI, 2; *autel* XXIII, 2; *autre* XV, 4 u. ö.; *autrepart* V, 11; *Bauduins* V, 26; *cendaus* L, 4; *cheuaus* XLVI, 7; *Grimaude* V, 53; *haubregies* XLVII, 2; *haut* XXXII, 11; *loiaument* I, 13; II, 4; III, 20; V, 2; XXIX, 16; *mencaut* XXXIX, 6; *saus* VII, 7; *Sauuage* V, 48; *senescaus* V, 15; *Tiebaus* XXVI, 9; *Wautiers* V, 23; XV, 1 u. ö.; *Williaume* XXII, 14; cf. auch *teus* XIX, 14 *(hostex* LI, 53*)*.

Die echt pikardische Gleichstellung von *òl + Cons.* und *al + Cons.* wird auch in unseren Urkunden angetroffen: *uauroient* (zu *voloir)* XXII, 24; *uauront* XXII, 41. Doch ist dieser Wandel durchaus nicht consequent durchgeführt: *ou* sehr häufig; cf. *uouroient* II, 20; *uuouront* III, 18; *uousisent* VII, 12; *Mouniier* V, 60. Ueberhaupt bedarf die zeitliche und örtliche Verbreitung von *au* für *òl + Cons.* noch näherer Untersuchung. Eine solche wird auch vielleicht einigen Aufschluss darüber geben, ob eine Entwicklungsreihe *ol-ou-au*, die Raynaud S. 72 annimmt und welcher auch G. Paris Romania VI, 616 einen gewissen Grad von Wahrscheinlichkeit zuspricht, oder

---

1) *Deu, au = del, al* etc. sind nur scheinbare Ausnahmen; s. u.

2) Ich drücke mich der Kürze halber so aus, stimme aber im übrigen mit Koschwitz a. a. O. S. 48 überein. Ueber die Zeit, in der sich die Vokalisirung vollzog, s. Mebes, Garnier etc. S. 52.

aber *ol-al-au* anzusetzen ist. Eine umfassende Sammlung der einschlägigen Beispiele wird alsdann voraussichtlich auch die Aufstellung von G. Paris bestätigen, dass nur *ol, ou* mit *ò (ouvert)* jenem Wandel zu *au* unterliegt. Ich habe eine Reihe mir gerade zu Gebote stehender pikardischer Literaturdenkmäler und Urkunden auf dieses *au* hin durchsucht, aber keinen einzigen Fall getroffen, wo es für *òl* steht. Es ist ja auch ganz natürlich, dass gerade *òl (òu)* mit seinem von allen labialen Vokalen dem *a* lautlich zunächst stehenden *ò ouvert* Neigung für den Uebergang zu *au* zeigte.

Il + *Cons.* (z. B. *cius, fius*) hat schon früher zum Theil seine Erledigung gefunden. Besondere Erwähnung verdient hier noch die Behandlung der romanischen Gruppen -*ill* + *Cons.* und -*ell* + *Cons.*, beide = fr. *el* + *Cons.*, durch deren lautliche Entwicklung sich das Pikardische von den übrigen Dialecten abhebt. Ich verweise im allgemeinen auf die trefflichen diesbezüglichen Erörterungen Försters in der Zs. f. rom. Phil. I, 564 ff., welche die ganze Erscheinung zuerst ins richtige Licht rücken. *El* + *Cons.* tritt nämlich, wenn auch nicht unbedingt, so doch am häufigsten im Pikardischen unter der Form *iaus* auf gegenüber den *els, eals, eaus, eax, eas* etc. der übrigen afr. Dialecte. Letztere kommen jedoch bisweilen neben *iaus* im Pik. vor: *illos: iaus* IV, 7; VI, 5, 8; X, 13; XIV, 4; XVII, 9; *entriaus* XXVI, 6; *yaus* XXXIII, 11. — *eaus* V, 29, 64; (cf. *aus* LI, 114). — *eus* (nfr. *eux*) XXII, 27. Dieselben verschiedenen Nuancen bietet *ecce illos: ciaux* III, 18; XVII, 12; XXVI, 15; XXVIII, 6; *chiaus* II, 2; XIII, 2. — *ceaus* XLII, 7; — *caus* XX, 1; *chaus* XXII, 36; cf. ferner *Isabiaus* XXIV, 2; XXXI, 15; *beaus* V, 40; endlich auch *Bordiaus* V, 72; *Bordeaus* V, 47; XLIII, 2; *Antiaus* IV, 3.

Scheinbar verstossen gegen die Regel, dass *l* sich nur vor einem Consonanten vokalisire, folgende Wörter: *deu* (= *del*) XXIV, 5; XXVI, 5, 6, 19, 23; XXXV, 2; XXXVII, 5; XLVII, 3 u. ö. neben *del* XIV, 6 etc.; *eu* (= *el*) XIII, 17; XL, 6; XLI, 8; XLIV, 16 etc.; von den echt pikardischen *dou* und *ou* kommt nur das erstere einmal vor XXXVI, 23; *au* (= *al*) steht XXVI, 23; XXXVIII, 5; XLIV, 19 u. ö. Auch *teu* für *tel* (s. o. *teus*) ist VI, 5 belegt, doch nicht ganz sicher: liest man *teu*, so ist das folgende *manieres* in *maniere* zu ändern; ebenso gut kann *manieres* auf ein vorhergehendes, sei es ein verschriebenes oder verlesenes *teus* hinweisen. Sonst immer *tel*. Raynaud nun a. a. O. S. 96 erklärt die Formen *del* und *el* als einzig regelmässig und *deu*, *eu* demgemäss als Ausweichungen. Doch der Verstoss ist in der That, wie gesagt, nur scheinbar. Das *u* vor resp. aus *l* entwickelte sich hier insofern auch vor Consonanten als die Wörter *deu*, *eu*, *au* jedesmal vor consonantisch anlautendem folgenden Worte stehn und an dieses dem Satzzusammenhange gemäss sich dergestalt anlehnen, dass beide zusammen einen Lautcomplex, in gewissem Sinne also ein Wort bilden: So war der Entwicklung eines *u* der regelrechte Anlass durch den folgenden Consonanten geboten. Grade Wörter von so geringem lautlichen Umfang und der Bedeutung wie *del*, *el*, *al* neigen am leichtesten zu Proklisis und sind somit auch zumeist jener Lautentwicklung unterworfen. Aber die Kleinheit und Unbedeutendheit und der grössere oder geringere Umfang eines Wortes an sich entscheidet noch nichts. Proklisis und dadurch bedingte Lautentwicklung kann ebenso gut bei einem Worte von grösserm Umfang statt haben, wenn dasselbe, was ja oft genug der Fall ist, durch den Satzaccent mit dem jeweils nachfolgenden Worte eng zusammengehalten wird: Beide bilden alsdann in der Rede ebensowohl eine Einheit, wie das einzelne Wort. So bildet z. B. afr. *castel* mit dem nachfolgenden Namen stets einen Begriff, einen Lautcomplex, so dass in dem Falle, wo der Name consonantisch anlautet, die Entwicklung eines *chasteau*, nfr. *chateau* regelrecht erfolgen konnte; nicht etwa, wie Ebel, Zs. für vergl. Sprachforsch. XIII, 294 will, weil hier ursprünglich ein m *(castellum)* folgte. So erklären sich *Château-Renard*, *Château-Thierry*, auch *Châteauneuf* etc. Ebenso findet seine Erklärung *biau samblant* (cf. z. B. Cheu. as deux espees V. 11185), welche Fügung als ein Wort zu fassen ist: s. Mussafia, Zs. f. d. österr. Gymn. 1877, S. 203 [1]); und dergl. m. Es ist neuerdings öfter und mit Nachdruck darauf aufmerksam gemacht worden, dass ein Wort sich nicht an sich allein verändere, sondern dass sein Wandel stets durch seine Stellung im Satze bedingt sei. Nicht immer gerade fixirt die Schrift die auf diese Weise hervorgerufenen Lautwandlungen: Schreiber jedoch mit einem für lautliche Unterscheidungen geübteren und feinfühligeren Gehör sind hie und da bestrebt gewesen, auch diesen Lautnuancen in der Schrift gerecht zu werden. Man vergl. Notker, der stets *demo golde*, aber *des koldes, du bist* aber *ih pin* u. s. w. schreibt (cf. Heyne, kurze Laut- u. Flexionsl. etc. S. 110). Auf afranz. Gebiete cf. z. B. Münchener Brut V. 908 *em mainte guise*, 1312 *em mains esturs*, 454 *sum pere*, 690 *sum penseir*, 510 *tum maltalent* u. s. w. (s. Vollmöller S. XXXIII, XLVII, der den nachfolgenden labialen Consonanten nicht erwähnt; cf. Mussafia Zs. f. rom. Phil. I, S. 412). Also überall gleiche Assimilation zwischen Auslaut und Anlaut wie sonst zwischen Consonanten im Inlaut der Wörter. — Wenn man obigen gesperrt gedruckten Grundsatz im Auge behält, so wird auch klar, warum es noch nfr. *aime-t-il* heisst, warum das *s* in *les, des* etc. vor Vokal noch tönt, während es sonst stumm ist, für welche beiden Erscheinungen es nicht nöthig ist, etwa keltischen Einfluss anzunehmen, wie Windisch, Paul u. Braune Beiträge IV, S. 206 geneigt zu sein scheint. S. Sievers, ib. V. 102. Wie Letzterer durch den von ihm eingenommenen Standpunkt a. a. O. auf die germanischen Auslautsgesetze neues Licht wirft, so wird auch eine Untersuchung der romanischen Auslautsgesetze nach diesen Gesichtspunkten erspriesslich sein und zu neuen Resultaten führen.

---

1) Hiedurch wird die Erklärung, welche Förster Zs. f. roman. Phil. I, 566 für nfr. *beau* giebt (Uebertragung aus den Formen des Plural, dessen *s* stumm geworden war), nicht ausgeschlossen.

Ausser dem von Sievers a. a. O. auseinandergesetzten vergleiche man noch besonders SCHUCHARDTS Vortrag auf der Leipziger Philologen-Versammlung 1872 (Verhandlungen S. 208) über die syntactischen Modificationen anlautender Consonanten im Mittel- und Süditalienischen, der unter dem Titel „les modifications syntactiques de la consonne initiale dans les dialectes de la Sardaigne, du centre et du sud de l'Italie" Romania III, S. 1—30 erschienen ist. S. auch Zs. f. deutsche Phil. IV, 241; Germania XVII, 383. Ferner Curtius Studien X, 205. Sievers, Jenaer Literaturz. 1874, S. 146[b] (Rec. von Mall's Phil. de Thaun), wo er die Gestaltung des franz. Wortauslauts unter obigem Gesichtspunkte zu erklären versucht. Aehnliches wie Schuchardt wies in deutschen Dialecten nach R. Hildebrandt, Zs. f. deutsche Phil. II, 254 f.

Ausfall von *l* vor Consonanten ist auf pikardischem Boden ebenso geläufig wie Vokalisirung (s. Förster, cheu. as II espees XLVIII); cf. *as (= als)* XIV, 2; XXII, 20, 38; XXXVI, 25; XLII, 6 u. ö.; *(cop* LI, 82*); nus* XLII, 2; *lesques* XXXVI, 9; *Willame* V, 18; XXXIX, 5; *uies* XII, 5 nicht = *uie(l)s*, sondern = lat. *vetus*, cf. Tobler, Jahrb. VIII, 343.

Wechsel zwischen *l* und *r: capitres* XXXVI, 1; cf. *Bertremiu* XXXVII, 35 *(Berthermiu* Hans. Urk. Nr. 862, 130); vergl. endlich *Virecholle* XXXV, 4, das heutige *Villechole.*

Was die Mouillirung des *l* anbetrifft, so ist darüber kaum etwas zu sagen; es sind allgemein bekannte Verhältnisse. Dass in *queil, Noeil, teil* etc. nicht etwa Mouillirung vorliegt, braucht wohl nicht erinnert zu werden: *tei-l* etc. ist zu trennen (s. o.).

R. Auch über diesen Laut ist nichts besonders Characteristisches zu erwähnen. Metathesis ist wie überall auch hier nicht selten: *couuretures* XLVII, 1; XLVIII, 2; XLIX, 1 *(couvertures* XLVI, 11*); froument* XXII, 2, 22; *haubregies* XLVII, 2 u. ö.

Auch Ausfall des *r* vor Consonant ist zu erwähnen:

patie (sic!) XXII, 29; *tousious* XXXVII, 17; cf. *annivesaire, merkedi, souplus* Ch. du Ponthieu, Raynaud S. 97. Dass Nichtberücksichtigung des *r* vor Consonanten (resp. Ausfall) ein nicht bloss dem Burgundischen eigener Zug ist, wie Förster Richars li biaus S. XI (cf. auch Zs. f. d. österr. Gymn. 1874, 149) will, hat bereits A. Tobler Gött. gel. Anz. 1874, S. 1033 durch Reime aus Wace nachgewiesen. Ueber gelegentlichen Abfall von ausl. *r (ma, pa, ka)* s. Koschwitz a. a. O. S. 47.

Den Einschub eines *r* nach Dentalen macht Raynaud S. 97 von dem Umstande abhängig, dass das Wort noch eine zweite Dentalis enthalte: Bei seinen Beispielen *Baptistre, Tristre* ist dies zufällig der Fall; doch nothwendige Bedingung ist es keineswegs: cf. *escientre* Rolandsl. 2073. *Souentre, soentre (subinde)* Burguy III, 354. Sehr oft nach *st* aus Analogie zu häufigem etymologischen *str (stl): honniestre* Phil. Mousk. V. 12573; andere Beispiele *(celiestre* u. s. w.) s. Mebes, Garnier, S. 53. Weiteres über derartige romanische Einschiebung des *r* im Auslaut s. Caroline Michaelis Jahrbuch XIII, S. 216 f.

Teres VII, 7, 14 u. ö. folgt der pikardischen Neigung statt Gemination meist einfachen Consonanten zu setzen: cf. cheu. as II espees v. 506 Anm. (S. 386).

Ich komme zur Behandlung der Nasale *m, n*. Die Untersuchung von Paul Meyer (Mémoires de la Soc. de ling. I, 244 ff.) und die vielfach ergänzende und vertiefende Forschung über diesen Gegenstand von Lücking (a. a. O. S. 106 ff.) haben als sicheres Resultat ergeben, dass zu einer Zeit, aus welcher auch unsere Urkunden datiren, ein Unterschied der Aussprache zwischen *en* und *an* schon längst nicht mehr bestand, sondern dass beide in *an* zusammen fielen, wobei aber durchaus noch nicht als ausgemacht zu gelten braucht, dass *a (e)* vor Nasalen nun auch nasalvokalischen Werth angenommen haben: cf. Koschwitz a. a. O. S. 49 ff., Lücking, S. 126 f. Man wird nun diese allgemein gültigen Verhältnisse auch auf pikardischem Gebiete vermuthen. Raynaud ist jedoch (cf. S. 81 f.), wenigstens was den Dialect von Ponthieu anbetrifft, anderer Ansicht. Er glaubt nämlich, dass nicht der Lautwerth *an* das *en* verdrängt habe, sondern umgekehrt *en* das herrschende geworden sei. Er stützt seine Ansicht hauptsächlich auf die Aussprache in modernen pikardischen Patois, welche *en (in)* sei und auf die Schreibung in ein paar Beispielen wie *en, jenvier, pitenchiers:* derartige weisen unsere Urkunden auch auf: *Jehen* I, 11; *genuier* VII, 19; XX, 15; XXXIV, 14; *ennees* XXXVI, 21, 22; cf. *mengier* Ch. d'Aire J. 45 u. dergl., *en l'en* Hans. Urk. I, 833, 20 u. s. w. Diese letzteren Schreibungen *(en* für lat. etym. *an)* vor allen beweisen wenig oder gar nichts [1]). In einer Zeit so schwankender, rein individueller und ungeregelter Orthographie, wie wir sie das ganze Mittelalter hindurch im Franz. beobachten können, konnten in einer Sprache, nachdem *en* und *an* ihrem Lauthwerthe nach zusammengefallen waren, beide auch in der Schrift ganz beliebig mit einander wechseln. Am meisten würde die Aussprache der fraglichen Lautgruppen im modernen Pikardisch für die Beurtheilung ihres Lautwerthes in früherer Zeit ins Gewicht fallen. Ist jene wirklich *en (in)* für urspr. etym. *an* und *en?* Für welche Gegenden der Pikardie gilt dieselbe? oder ist sie über das ganze heutige pikardische Sprachgebiet verbreitet? Auf diese Fragen sichere Antworten zu geben, sind wir mit den bis jetzt uns zu Gebote stehenden Hülfsmitteln nicht im Stande. Denn auf Aussagen des durchaus unsystematischen und wenig zuverlässigen Glossaire étymologique vom Abbé Corblet zu bauen, wie Raynaud thut, erscheint uns gewagt. Wir müssen uns daher bescheiden und erst sichere Belehrung von competenterer Seite über die lautlichen Verhältnisse der modernen

---

1) Eben so wenig beweist, dass für urspr. lat. *en* in den Ch. du Ponthieu u. du Vermandois durchweg die Schreibung *en* auftritt, die ältere Orthographie kann sich ganz gut erhalten haben, ohne für die Aussprache Schlüsse zu gestatten.

pikardischen Patois abwarten, ehe wir in obigem Punkte
weitere Entscheidung treffen. Wie werthvoll und dringend
nothwendig eine eingehende Kenntniss der modernen Mundarten zum sichern Beurtheilen und richtigem Verständnkss
der betreffenden älteren Sprachstufen ist, wurde schon oft
genug betont. Auch das allgemein sprachwissenschaftliche
Interesse, welches gründliche dialectologische Untersuchungen
bieten, ist nicht zu unterschätzen. Es ist daher doppelt zu
bedauern, dass von heutigen französischen Mundarten nur
ein ganz kleiner Bruchtheil einer wirklich streng wissenschaftlichen Bearbeitung bis jetzt sich erfreut. Es erscheinen freilich alle Jahre mundartliche Studien genug in Frankreich,
doch rühren sie meistens von wenig berufenen dilettantischen
Händen her. Sie bringen somit der Wissenschaft zum grössten Theil wenig oder doch nur sehr beschränkten Nutzen:
Wenn man auch dieser oder jener Arbeit einen gewissen
redlichen Eifer und Fleiss nicht absprechen kann, so fehlt es
doch fast immer an der nöthigen Vorbildung und Uebung im
Auffassen und Wiedergeben lautlicher Nuancirungen. Arbeiten
wie vor Allen die Ascolis und anderer im Archivio glottologico
italiano, wie die Cornu's und Haefelins auf schweizer-französischem Gebiet, Jorets über das Normannische von Bessin
(Mémoires de la Soc. de ling. III fasc. 3, 1877) u. a. m.
verdienen entschieden eine regere Nachahmung. — Lücking
hat (s. a. a. O. S. 123 u. ö.) nachgewiesen, dass mit der
Entwicklung von *e* zu *a* vor Nasalen die von *ei* zu *ai* in gleicher Stellung Hand in Hand geht, und dass dieser Vorgang
absolut unabhängig ist von der Articulationsstelle des Nasals: derselbe mag labial, dental oder palatal sein: Es ist
demnach *em : am* gleichzeitig mit *en : an* entwickelt etc. Wir
sind daher einstweilen geneigt, dem Dialecte unserer Urkunden und ebenso dem der Ch. du Ponthieu, welchen beiden
der Uebergang von *ei : ai* vor Nasalen (s. o. und Raynaud
S. 67) etwas ganz geläufiges ist und die ferner vor labialem
Nasal *a* statt *e* kennen: *fame* XLVI, 9; *tamps* Ch. du Pon-

thieu XXXIII, 38; XXXIV, 26; *tans* XIII, 11; XX, 32 u. s. w., auch den Uebergang von *en : an* zu vindiziren. Noch ein paar Einzelheiten zu den Nasalen. Wechsel zwischen *m* und *n* ist geläufig im Auslaut; cf. *estrain* VII, 3 (zu beachten ist, dass das nächste Wort dental anlautet: *estrain de le rue)* neben *estraim* V, 5, 21, wo beidemal der folgende Anlaut vokalischer Natur ist, *Adan* XXXVII, 5; ebenso *m : n* vor Flexions-*s*, *Adans* IX, 17; XXXV, 10; *en non de* XXXV, 8. Im Inlaute finden wir das Bestreben den labialen Nasal vor nachfolgendem labialen Consonanten zu dissimiliren und *n* an Stelle von *m* zu setzen, selbst in dem Falle, dass die zweite Labialis secundär ist (als euphonischer Consonant oder dergl.): *canbres* XXXIII, 9; *enpruntai* XLVI, 7; *Honblieres* XIII, 8; *setenbre* XIV, 10; *decenbre* XXI, 20; die Analogiebildung zu letzteren: *octenbre* XXIII, 10. Auf diesem Dissimilationsbestreben beruht auch die so häufige Form *fenme* für *feme* (aus *femme)* II, 3, 7; XXV, 3; XXXI, 8; XXXII, 13 u. ö.; ebenso *preudonme* XVI, 11; XXVI, 10. Ferner *diliganment* XXII, 30 statt der gewöhnlichen Assimilation von urspr. *-antment: amment*. Förster, cheu. as II espees S. XLVII setzt *an* in der Endung *-antment* = *o* und schreibt V. 204 *esraument*, bemerkt aber S. 384 dazu, dass man auch *esranment* lesen könnte. Zur Erklärung jener auch in der Schreibung *esroment* belegten Form zieht F. a. a. O. afr. *aumaille* an und scheint somit Uebergang von *antment : alment : aument* anzusetzen. Dies geht nicht an: in *aumaille* für *almaille* = lat. *animalia* liegt die Sache anders: hier haben wir Assimilation des *n* an *l* der folgenden Silbe, wozu in *antment* kein Anlass geboten: dazu kommt, was freilich weniger ins Gewicht fällt, dass, während das ältere *almaille* zahlreich in der Schrift angetroffen wird, ein *-alment* nirgends aufstösst. Das einzig richtige hat meiner Meinung nach Raynaud S. 69 getroffen, wenn er *soufisaument* (= *ant-ment),* das die Ch. du Ponthieu 8 mal aufweisen, durch Analogie zu den so zahlreichen Adverbien auf *aument (= alment: loiaument, generaument, especiaument* u. a. m.*)* erklärt: also auch eine Art Suffixvertauschung.

Mainsnée XIII, 11 mit seinem eigenthümlichen *n* wurde schon oben S. 50 erwähnt. Ausfall von *n* im Inlaute ist häufig; *con-* verliert fast durchweg sein *n: couenances* III, 19, 23; IV, 12; *cousient* XLIX, 2; *couuent* XXXVI, 26; ferner *moustier* XXVII, 5 u. a. m. Ein eigenthümlicher Fall ist *maiso* XII, 4, der an prov. bewegliches *n* erinnert.

Endlich ist hier ein Fall zu erwähnen, wo der Nasal den vorhergehenden Vokal modifizirt: *auns* I, 14 (s. o. S. 14); in unsern Urkunden von Vermandois ist diese Form einigermassen merkwürdig: z. B. Oork. Holl. II, Nr. 975 (mitten unter pikardischen Urkunden) können jedoch Formen wie *remembraunce, auncestres, graunte* etc. nicht auffallen, da wir es hier mit einer Acte zwischen Johan, cueus de Holland und dem Könige von England zu thun haben *(au* agln.*)* [1]).

Einschub eines *n* vor Dentalen und Gutturalen, eine Erscheinung, welche Förster Jahrb. XIII, 305 (zu 162) noch speziell für das Pikardische in Anspruch nahm, welcher er aber neuerdings (Cheu. as deus espees L) mit Recht weitere Verbreitung [2]) zuspricht, stösst in unsern Urkunden nicht auf (cf. *englise* Doc. Bailleul. XLVI; *yngal* Amis u. Amiles 3125;

---

1) Bei der Benutzung von Urkunden zu sprachlichen Untersuchungen ist stets im Auge zu behalten, dass jene immer in der Sprache desjenigen abgefasst sind, welcher der bevorzugte der beiden einen urkundlichen Vertrag schliessenden Parteien ist, d. h. desjenigen, dem eine Urkunde ausgestellt wird. (Cf. Braune, Beiträge zur Gesch. d. deutsch. Spr. u. Liter. I. S. 1—56 an versch. Stellen; Heinzel, Gesch. der niederfränk. Geschäftsspr. S. 8 ff.; Scherer, Zs. f. d. österr. Gymn. 1875, S. 203.) Daher die obige Urk. des Oork. Holl. in reinem Agln., daher die LI. Urk. (s. S. 8) von Vermandois in reinem Centralfr.

2) Zs. f. rom. Phil. I, S. 560 weist F. gleiches im Span. und Portug. nach. Auch im Ital.; altoberital. *ponsar = posare, reponso = riposo.* Mussafia, Ber. d. Wiener Akad. Phil. hist. Kl. XLVI, S. 123.

enciant ib. 3139). Auf diese Erscheinung wies übrigens schon Mätzner, Altfr. Lieder (Berlin 1853) S. 103 hin. S. auch in Bezug auf *n* vor *s* Schuchardt Vok. des Vulgärlatein I, S. 112 ff.; II, S. 350; III, 273.

Gutturale. Die gutturale Media giebt zu Bemerkungen wenig Anlass. Vor ursprünglichem etymologischen *a* bewahrt sie natürlich ihren velaren Lautwerth: *garbe* III, 12; *Gardin* VII, 6; *Gobert* XIII, 4; XXV, 2; *uergues* III, 4, 7, 11; *uerges* XXXIX, 7; *renge* XI, 4; *longe* XXII, 17; *Margerite* XXVII, 5; diese Schreibung *g* statt *gu* für velares *g* vor *e* stösst pikardisch besonders häufig auf: cf. Förster, Zs. f. die österr. Gymn. 1874, S. 137. — Vor etymologischem *e* und *i* entwickelt sich *g* in bekannter Weise; *bourgois* II, 3, 5; III, 3; VI, 3 u. ö.; *bouriois* XXXVI, 6 u. s. w. Wie hier die Bezeichnung schwankt zwischen *g* und *i (j)*, so auch in der Wiedergabe von etymologischem lat. *j*: cf. *gung* IX, 12 u. ö. gegen *jung* XVII, 14; XVIII, 11 u. s. w.; *genvier* VII, 19; XX, 15; XXXIV, 14; *giut* XV, 2 u. dergl. m.

Tenuis: Die Behandlung von gutturalem, velaren lat. *c* vor *a* ist in unsern Urkunden von Vermandois — wie aus der Schreibung der weiter unten angeführten Beispiele erhellt — durchaus dieselbe, wie sie Raynaud (cf. S. 84 ff.) in den Ch. du Ponthieu angetroffen hat, und wir können somit auch von unserm Standpunkte aus den Ausführungen desselben gegen Joret, du C dans les langues romanes S. 224 unbedingt beipflichten. Auch in den Ch. du Vermandois erhält sich der velare Lautwerth des *c* vor urspr. *a* in jedem Falle, mag sich dasselbe nun erhalten haben oder in seine französischen Vertreter *e* resp. *ie* übergegangen sein. Wir haben somit in den Gegenden von Ponthieu und Vermandois zwei pikardische Gebiete, für die das Gesetz der unbedingten Erhaltung von velarem *c* durchaus eine durch sichere und unantastbare Urkunden beglaubigte Gültigkeit hat. Sie stehen somit in Gegensatz zu jenen noch einer genauern Untersuchung und bestimmteren Umgrenzung bedürftigen pikardischen Districte, wo zwar *c* vor erhaltenem *a* seinen urspr. velaren Lautwerth streng bewahrt, vor zu *e* resp. *ie* übergetretenem *a* jedoch dieselbe Behandlung erfährt, wie *c* vor lat. *e, i* und *l* vor *i* + Vokal, d. h. zu *ch* sich umwandelt: cf. A. Tobler, Dis dou vrai aniel S. XX, f.; G. Paris, Romania VI, S. 617; Knauer, zur altfr. Lautlehre. S. 19 [1]).

Ich gebe in folgendem die Beispiele:

1) Lat. *a* ist erhalten: *acat* V, 2, 17, 24; *acatee* I, 3; *acaterent* IV, 7; IX, 3; *Cakins* V, 8; *cambre* VII, 3, 19; XXXII, 4, 6; XXXIII, 6; *camp* III, 8, 11; XIII, 9 u. ö.; *candeliere* XXVII, 9; *capons* I, 10; V, 12 u. ö.; *Capele* XXXIII, 2, 5; *capitres* XXXVI, 1; *carchies* XXVI, 18; *cascun* III, 13; *caskun* V, 62; *castelain* XXXIX, 6; *cateil* VI, 9, 14; *Cauceteur* XXXII, 5; *cause* XXXVI, 17; *cose* XLII, 8; *escai* III, 5; *incarnation* I, 14 u. s. immer. Sehr häufig steht auch das unzweideutige *k: akata* XX, 2; *eskaance* XIV, 7; *eskaroit* XIX, 12; *eskaus* X, 5; *kanoine* X, 19; XXIII, 8; *kapille* IV, 14, eine Bezeichnung für velares *c*, die sich auch vor andern Vokalen findet und besonders oft für urspr. lat. *qu* eintritt, das somit zur Zeit unserer Urkunden schon seinen heutigen Lautwerth (= vel. *k*) hatte: *caskun* V, 62; *ke* V, 1 u. ö.; *ki* V, 1, 7, 10 u. ö.; *deuskes* XXXII, 7; *kere*

---

1) Ich habe oben S. 5 gesagt, dass selbst gute Kunstdichter sich nicht vor Mischreimen, Zwitterreimen wie pik *ch* : franz. *ch* und umgekehrt: *Franche* (= *Francia*) : *franche* (= *franca*) u. s. w. scheuen. Die Sache liegt anders: Denkmäler, wo solche Reime sich finden, haben vielmehr, wie ich glaube, ihre Heimath in jenem pikardischen Sprachgebiete mit abweichender Behandlung der Gutturale, von welchem Tobler, Paris, Knauer a. a. O. sprechen: Sie brauchten sich vor solchen Reimen absolut nicht zu scheuen, die in ihrer Mundart durchaus unanstössig waren. Man sollte den Ausdruck „Zwitterreime", „Mischreime", entschieden meiden, da sie zu der falschen und schiefen Auffassung Anlass geben, als ob sich die Dichter im vorliegenden Falle dem Reime zu Liebe einer sprachlichen Licenz („Mischung" sprachlicher Erscheinungen von zwei getrennten Mundarten) schuldig gemacht hätten.

XLVIII, 8. (Ueberwiegend ist freilich die Schreibung mit *q* resp. *qu*, was hier gleich erledigt sein möge: *qant* IX, 6; *qe* IV, 2; X, 6; XLVIII, 6; *qi* IV, 2; X, 1; XXVII, 4; — *que* XLVIII, 7; *qui* II, 6; *laquele* II, 6; *querele* VI, 7; *querre* XLVI, 6, 10; *dusques* XLI, 4 u. s. w.)

2) lat. *a* ist in *e* übergegangen, in welchem Falle sich dann in überwiegender Mehrzahl wiederum das unzweideutige Zeichen *k* findet: *Bakelers* IV, 2, 5; *Blanke* XXXVIII, 4; *eskeuins* VI, 4, 21, 22; *Flameske* XX, 11; *keual* L, 13; *torke* XXXII, 10; *louket* XXVII, 5.

3) Lat. *a* ist in *ie* übergegangen: *eskieuin* I, 1, 12; III, 1; LIII, 24; IV, 1; V, 1, 9, 24; VII, 1; IX, 1, 21; X, 1; XI, 1 u. ö.; *eskieuinesse* L, 5; *kief* I, 12; V, 61; IX, 21; XI, 15; XII, 7 u. ö.; *kies* IV, 14; V, 6; VII, 7 u. s. w.; *kienne* XVI, 3; *kienage* XXXIV. 3; *markie* X, 23; XLIII, 3; *markiet* XII, 5; XL, 6; *Mikiel* XVIII, 7; XIX, 7; XXXIV, 9; *Mikieus* XXXIV, 1; *Uakiers* V, 57, 67. Noch unzweideutiger ist die Schreibung mit *qu: esquieuins* XXII, 41; XLI, 1 (cf. *empeequement* Ch. du Ponthieu XXXIII, 42; *quemin* XXXIII, 53; *quevaus* XXXIV, 56 etc.).

Gegenüber diesen Beispielen und demjenigen, was Raynaud a. a. O. S. 86 ff. sonst noch zu Gunsten der Aussprache *ka, ke, kie* ausführt, wiegen die wenigen Beispiele gering, in denen die Schreibung mit *ch* auftritt. Es sind zumeist häufig gebrauchte Wörter: die Erklärung, welche Raynaud S. 88 bietet, ist ganz ansprechend: *cheualiers* II, 2; XXVII, 2; XXX, 5; XXXIII, 10; *cheual* L, 7 und ib. 13: *keval; cheuaus* XLVI, 7; *choses* VI, 22; XXII, 26; XXXVIII, 11; XLVIII, 9; L, 10; *eschair* XXXIV, 8. Ueber *carchies* XXVI, 18 s. Cheu. as deus espees LIV. Ist *ch* hier = *k*? cf. pik. *querquier. Chascun* sollte man nicht, wie gewöhnlich (auch bei Raynaud) geschieht, mit den genannten Beispielen von *ca* zusammen, sondern gesondert stellen: Hier liegt nicht wie dort urspr. *ca*, sondern *qui* vor. Und gerade dies tritt in pikardischen Denkmälern überwiegend, in unsern

Urkunden sogar fast durchweg mit *ch* auf: *chascun* II, 12; IV, 10; XI, 7, 10; XVI, 7; XVII, 7; XXI, 3; XXII, 2, 20, 29, 32, 34, 43; XXVI, 11; XXVII, 7; XXIX, 19; XXXIII, 11; XXXVI, 10; XXXVIII, 5; XLI, 4. Sollte es nicht möglich sein, dass dies überwiegende Vorkommen von *ch* in *chascun* auf pikardischem Boden, worauf auch Joret a. a. O. S. 232 schon hinweist, seinen letzten Grund in jenem ursprünglichen Lautverhältnisse *(qui)* habe? Zum mindesten muss diese Sonderstellung gerade bei diesem Worte wegen der andersartigen lautlichen Voraussetzungen besonders beachtet und hervorgehoben werden.

Palatales *c* des Lateinischen — d. i. *c* in den Lautgruppen *ci*, *ce* — und ebenso *ti* + *VOC.* geben pikardisch in gleicher Weise *ch*. Ueber die Aussprache dieses *ch* s. Tobler *Dis dou vrai aniel* S. XXI (= nfr. *ch*). Ursprünglich wird auch wohl dies *ch* = *tsch* (*č*) gesprochen worden sein, wie gemeinfr. *ch* aus lat. *c* vor *a*, und wie letzteres im Laufe der Zeit, aber schon afr., die Aussprache *sch* (*š*) entwickelte, so auch jenes.

Unsere Urkunden bieten: *Agache* XXXIII, 5; *anchois* XXI, 6; *chendal* L, 11; *chire* L, 7; *justiche* XXXIX, 1, 2; *march* XVI, 24; XXVIII, 10; XL, 10; *ordenanche* XXII, 27; *Pechinne* XXXVI, 4, 5, 12; *prononchons* XXXVI, 24; *recheueront* XXXVI, 9; *rechieut* XXII, 10; *veschi* XLVIII, 1; L, 1. Dazu *che* I, 1; VI, 1; VII, 1; VIII, 1; XXXVI, 13, 28; *cho* VI, 16; *chou* II, 16, 23, 24; *chiaus* II, 2 etc. Statt der Schreibung *ch* kommt nun, und sogar noch häufiger, *c* jedoch mit gleichem phonetischen Werthe (s. Tobler a. a. O.) in den Urk. von Vermandois vor: *ancois* XXI, 11; *cendans* L, 4; *cendal* XLVI, 3 (cf. *chendal* L, 11); *cens* II, 11, 17 u. ö.; *cense* XXXVI, 5; *commencement* XXVI, 23; *contrefiance* XVII, 3; XXI, 3; *couenances* III, 19, 23, 25; IV, 12; *fiancie* XXXVIII, 13; *Griance* IV, 14; XXIII, 5; *justice* I, 6; IV, 13; V, 8, 16, 23, 33 u. ö.; VII, 6; VIII, 9; IX, 10; XII, 6; XIII, 15; XIV, 8; XVI, 22; XX, 1; XXI, 18; XXV, 1;

XXVIII, 5; XXIX, 6, 19; XXXI, 5; XXXVII, 5 u. ö.;
Morpucele XXXIII, 10; *niece* XLV, 18; *Pecinne* XXXVI, 7
(ib. 4, 5, 12: *Pechinne*); *piece* XX, 3; XXXII, 5, 14; *prononciet*
XXII, 31; *pronuncierent* XXVI, 19; *Prouenceaus* V, 66; *quitance* VI, 10; *receuoir* XLI, 4; *reconissance* XVIII, 10; XIX,
8; XXV, 5; XXVIII, 7; XXXV, 11; XXXIX, 17; *recut* XX,
6; *renonciet* XXXVIII, 9; *sentensce* XXXVI, 24 (in derselben
Zeile *prononchons); seruice* II, 12; *tenance* XLIV, 14, 15;
tierce XX, 4 *(tierc* ... XV, 9) u. s. w. Dazu: *ce* I, 5, 11,
13 u. ö.; *cou* II, 26; XLVI, 9; *ces* II, 8, 10; *cele* II, 19;
cille IV, 9; *cist* II, 14; *cest* II, 25; *ceste* II, 8, 10; III, 8,
10; *ciaux* III, 18; *ci* III, 23 u. s. w.

Dass beide Bezeichnungen *ch* wie *c* im Pik. ein und denselben Lautwerth *(ch)* repräsentiren und demgemäss nur ein Schwanken in der Orthographie bedeuten, das übrigens in allen pikardischen Sprachdenkmälern und Handschriften (Förster cheu. as deus espees S. LIII) angetroffen wird, gilt schon längst als ausgemacht. Was unsere Urkunden von Vermandois anbetrifft, so lässt sich aus einem besondern Umstande noch ganz speziell der Nachweis führen, dass in ihnen der Buchstabe *c* vor *e* durchaus den Lautwerth *ch* hat. Die Form *sachent* nämlich, die aus dem ursprünglichen *pj* allüberall im Altfranzösischen *c* entwickelt hat und hiefür keinen andern Laut kennt — cf. was in Bezug hierauf Ch. Joret, Du C etc. S. 251 und E. Koschwitz, Ueberlieferung und Sprache der chanson du voyage etc. S. 68 sebr richtig gegen E. Mall, Phil. de Thaun S. 92 ausgeführt haben —, wird in unsern Urkunden fast durchweg *sacent* geschrieben: cf. I, 1; III, 1; IV, 1; V, 1; VI, 1; VII, 1; VIII, 1; IX, 1, 13; X, 1; XI, 1; XII, 1; XIV, 1; XV, 1; XVI, 1; XVII, 1; XVIII, 1; XIX, 1; XXI, 1; XXIII, 1; XXIV, 1; XXVII, 1; XXVIII, 1; XXIX, 1; XXX, 1; XXXI, 1; XXXII, 1; XXXIII, 1; XXXIV, 1; XXXV, 1; XXXVII, 1; XXXIX, 1; XL, 1; XLI, 1; XLII, 1; XLIII, 1; also 36 Mal *c* sicher mit dem

Lauthwerth *ch (č)*. Dagegen steht *sachent* nur XXII, 1; *sachies* XLVIII, 8; L, 9.

Die allgemeine pikardische Entwicklung von *ce, ci* und *ti* + VOC: *ch* steht also auch in unsern Urkunden fest. Demgemäss fallen ein paar Beispiele wie *grasse* (cf. *grache*) XXII, 44; XXXVI, 13, 28; *Wistasse* II, 1; XXII, 14; XXXVII, 1 wenig ins Gewicht. Die Schreibung *grasse* Ch. du Ponth. XIII, 4, 6 durfte Raynaud S. 91 erwähnen.

In denjenigen Fällen, wo aus urspr. palat. *c* und *ti* + VOC französ. sonst tönendes *s* entwickelt ist, zeigen natürlich auch unsere Urkunden dasselbe: In diesem Punkte stimmen ja bekanntlich das Normannische und Pikardische durchaus zum Centralfr.: *disoit* XLV, 9; *disoient* XXII, 19, 21; *faisant* XXIV, 8; daher auch *incarnasion* IX, 22; X, 23; weitere Beispiele anzuführen ist überflüssig.

Die Frage, unter welchen Bedingungen sich im Franz. aus urspr. inlautendem lat. palatalen *c* und *ti* + VOC. tönendes *s* gegenüber den andern Fällen mit tonlosem *s (ç)* entwickelt, scheint mir bis jetzt noch keineswegs in genügender Weise erledigt zu sein. Die folgenden Zeilen möchten zur Lösung dieser Frage ein wenig beitragen. Ich bemerke jedoch ausdrücklich, dass ich die nachstehende Untersuchung durchaus nicht als in jeglicher Beziehung und in allen Punkten abgeschlossen erachte. Dieselbe meinem Buche einzuverleiben, entschloss ich mich erst während des Druckes des letzteren. Um diesen nicht zu verzögern, musste ich mir versagen allen im vorliegenden Falle sich aufdrängenden Einzelfragen bis zu Ende nachzugehn. Ich musste auch, was die ausserfranzösischen Sprachgebiete anbetrifft, darauf verzichten, eigene Sammlungen anzustellen: Ich basire in dieser Beziehung auf dem Material, das Joret, du C etc. beibringt; nur hie und da habe ich, soweit es mir Zeit und die spärlichen Hülfsmittel der hiesigen Bibliothek im Fache der roman. Sprachforschung im Augenblick gestatteten, selber nachgeprüft. Wenn ich daher trotz dieser Unfertigkeit die nachfolgende

Untersuchung schon hier veröffentliche, so bedarf dies einiger Entschuldigung. Erstens glaube ich das darzulegende Lautgesetz in seinen Grundlagen und wesentlichen Punkten immerhin genügend erwiesen und festgestellt zu haben: Ferner hoffe ich, da mir selber in nächster Zeit kaum Musse zu Gebote stehen wird, dem vorliegenden Gegenstande bis zu vollständiger Erledigung aller Schwierigkeiten nachzudenken, dass irgend ein anderer durch die folgenden Zeilen Veranlassung nehme, die Frage weiter zu untersuchen und ihre Lösung zu Ende zu führen.

Joret hat zur Erklärung und Begründung dieser Doppelentwicklung von palat. c und $ti + VOC$ zu tonlosem f resp. tönendem s wenig beigebracht. Wenn er S. 124 bemerkt: „il semble même que la langue pour ne pas s'amollir, après avoir dans un certain nombre de mots donné la préférence aux sonores, s'en est tenue définitivement aux sourdes, plus rudes et par suite plus énergiques", so glaubt er wohl selber kaum, dass diese Erklärung vor dem Richterstuhl heutiger strenger Sprachwissenschaft wird bestehen können. Bei den jetzigen Vorstellungen von Sprachentwicklung und Lautgesetz etc. haben derartige Erklärungen doch immer in etwas den Beigeschmack des komischen. Durchmustern wir das Material.

Nach Consonanten finden wir tonloses $s : f$ (resp. ss).

1) Im Nachlaute betonter Silben ($\iota c\_$ oder $\bot ti VOC$) [1]):

a. = lat. $c:$ *balance, chanceler, chauces (calceas), commerce*, afr. *escorce, France, lance, unce, ponce,* afr. *pols (pousse),* nfr. *pouce, prince,* afr. *pulce* u. s. w.

b. = lat. $ti + VOC:$ *chance, chasse, confiance, enfance, esperance, force, jouvence, nonce, nièce (pl), noces (pl), puissance, séance, silence, vengeance* u. s. w.

2) Vor dem Tone ($\_c\bot$ oder $\_tiV\acute{O}C$):

---

[1]) Der Accent ist das wesentliche Moment in vorliegender Frage, wie wir sehen werden.

Neumann, Laut- und Flexionslehre.

a. = lat. *c:* afr. *ancessor,* nfr. *ancêtre, arçon,* afr. *chaucie (lc),* nfr. *chaussée,* afr. *deciple (sc),* afr. *ensaint,* nfr. *enceindre, encens, hameçon* (= *hamecionem,* das eigentlich zu *amçon* wird, cf. Darmesteter, la protonique en français Rom. V, S. 140 ff. Der dem Nasal *m* als Sonore eigene Stimmton erzeugt das *e.* S. o. S. 64), *merci,* afr. *muncel, nacelle (vc),* afr. *ocire (cc),* afr. *pincel,* afr. *ponciel, pulcella* (Eulalia), afr. *pulcins,* nfr. *poussin, racine (dc),* afr. *rainsel,* afr. *soupecon* (eigentlich *soupcon* s. o. *hameçon*), afr. *ruissel (vc), saussaie (lc)* etc.

b. = lat. *ti* + *VOC: ancien, annoncer, exaucer, façon (cti), leçon, poinçon, rançon, suçon* etc.

Aus den vorstehenden Beispielen erhellt zur Genüge, dass in der Behandlung von *ce, ci* und *tiVOC* bei vorhergehendem Consonanten absolut kein Unterschied der Entwicklung durch die Stellung des Accents hervorgerufen wird: Es ergab sich jedesmal tonlose Spirens *s.*

Ein Unterschied der Behandlung ist erst wahrzunehmen in dem Falle, dass *c* oder *ti* in tönender Nachbarschaft, d. h. diesen Ausdruck nur in dem Sinne „zwischen zwei Vokalen" genommen, stehen: z. B. *face* aber *faisons* u. s. w.

1) Im Nachlaute betonter Silben ($\perp c\,(ti)\,$_):

a. = lat. *c:* afr. *brace,* nfr. *brasse, complice,* afr. *espice, espesses,* nfr. *espèce, épice; face (faciem), face, fasse* (= *faciam*); afr. *fouasse,* nfr. *fouace; genisse, glace, grimace, jaunisse, manaice* (Eulalia), *nécessaire,* afr. *nurrice, norisse, office, paroisse, pelisse, sacrifice.*

b. = lat. *tiVOC: astuce, espace, grace, justice (justesse), liesse, malice, mollesse, noblesse, paresse, pièce, place, police, service, sévice, tristesse* etc.

2) Vor dem Tone (_*c(ti)*⊥):

a. = lat. *c: croiser, disons* etc., afr. *damoisele,* afr. *domnizelle* (Eul.), afr. *damisel, dizaine, douzaine,* afr. *douisil, duisons,* etc., *faisoie, faisons* etc., *gésir,* afr. *leisir,* afr. *lisarde* (nfr. *lézard*), *luisons* etc., afr. *muisir, nuisons,* afr. *oisel, paisible, plaisir*, afr. *quesine*, afr. *reisin*, afr. *roisel, laisons* etc., *voisin* u. s. w.

b. = lat. *ti VOC*: *aiguiser, amenuiser, cargaison, exhalaison, inclinaison, liaison, oiseux, poison, priser, puiser, raison, refuser, saison, tison, trahison, venaison* u. s. w.
Die Zahl der Beispiele wird genügen, um folgendes Gesetz zu ergeben:

Lat. palatales *c (ci, ce)* und *ti* werden im Französischen inlautend zwischen Vokalen zu tönender Spirans *s*, wenn sie vor dem Tone stehen, dagegen zu tonloser Spirans *(f, ss)*, wenn sie im Nachlaute betonter Silben stehn.

Ausnahmen hiervon erklären sich leicht auf die eine oder andere Weise. Wörter wie *acerbe (‿cʹ‿)*, *acide, décent, récent, docile, facile* (cf. *gracilis : grêle, fragilis : frêle)*, *medecin* und andere mehr kennzeichnen sich schon anderweitig (durch ihren Accent) als Fremdwörter, Lehnwörter: daher tonloses *ç* statt tönendem *s*. Nach einem Consonanten ergab pal. *c* in der Stellung ‿*cʹ‿* nur scheinbar (statt tonlosem *f*, s. S. 82 oben) tönendes *s* in *donzelle*: die Entwicklung zu letzterem fand in der Zeit statt, als der Vokal vorher noch bestand: cf. *domnizelle*, Eulalial. V. 23. In umfänglicher Weise wurde unser Gesetz durch den Einfluss und das Wirken der Analogie durchbrochen; hier ein paar Beispiele aus der Verbalflexion: Die 1. und 2. Pers. Plur. des Conj. Präs. von *faire* lautet *fassions, fassies* (cf. afr. *façois* Bartsch Chrest. S. 253, 23), obwohl der Accent folgt: ‿*cʹ‿* (cf. *faisons)*; es liegt hier Analogie zu den Formen mit vorangehendem Tone (*ʹ‿‿*) z. B. dem Sgl. 1. Pers. *face, fasse* vor. Die Conj. Präs. wie *duise, gise, luise, nuise, plaise* etc. (*ʹ‿‿*), sollten statt tönendem *s* eigentlich tonloses *f (ss)* haben: cf. *face*, auch *place* Bartsch Chrest. 123, 17: *sace*. Doch hier machte wieder umgekehrt wie vorhin die Analogie von Formen wie *duisons, duisions, duisoie; gisions, gisoie; luisons, luisoie* u. s. w. sich geltend; *aiguise, amenuise* etc. (*ʹ‿ti‿*) folgen der Ana-

logie von *aiguiser, aiguisons, aiguisoie; amenuiser* etc. (_ti̯z̧_).
— Folgende Paradigmata mögen die Sache noch mehr veranschaulichen; ich stelle neben die lat. Formen zunächst diejenigen, welche die regelrecht lautgesetzlichen fr. Entsprechungen sein würden und daneben die Gestalt, welche das Verbal-Paradigma unter dem Einfluss der Analogie annahm: die veranalogisirten Formen sind durch den nicht cursiven Druck gekennzeichnet.

Conj. Präs. *fáciam*   *face*   *fasse*
            fácias   *faces*   *fasses*
            fáciat   *face(t)*   *fasse*
            faciámus   **fasions*   fassions
            faciátis   **fasiez*   fassiez
            fáciant   *facent*   *fassent*.

Während hier die Formen mit der Entwicklung von ̯i̯c̩̣ zu tonloser Spirans den Sieg davon trugen, wurde diese im folgenden Paradigma grade umgekehrt durch die tönende Spirans *s* der Formen mit _c̩.i̯ verdrängt.

Conj. Präs. *lúceam*   **luice*   luise
            lúceas   **luices*   luises
            lúceat   **luice(t)*   luise
            lucedmus   luisions   *luisions*
            lucedtis   luisiez   *luisiez*
            lúceant   **luicent*   luisent

Die Differenzirung von urspr. pal. *c*, wie sie in den obigen Paradigmen als ursprünglich anzusetzen ist, aber afr. schon kaum mehr urkundlich nachgewiesen werden kann, lässt sich von dem Conj. Präs. eines ganz gleichartigen Verbums in der That belegen: Zu lat. *pláceam, -eas, -eat, -eant* gegenüber *placeámus, -eátis* findet sich ein regelrechtes lautgesetzliches *placet* Rolandsl. V. 358, *place* Gerars de Viane V. 3550, *plaice* ib. V. 1511, *place (: sace)* Rom. d'Eneas, Bartsch Chrestom. S. 123, 17; Villeh. 475⁰ u. s. w. (cf. prov. *plassa);* und diese Form erhält sich eine Zeitlang noch neben *plaise*, das aus Analogie zu *plaisions* etc. entstand. — Man hat mir anfangs einmal gesprächsweise eingeworfen, dass es doch bei meiner Anschauung merkwürdig wäre, wie einmal die stammbetonten Formen mit tonlosem *s (face)*, das andere Mal die endungbetonten mit tönendem *s (luise)* den Sieg davon getragen haben. Solche Unregelmässigkeit und Verschiedenheit spräche doch gegen meine Ansicht. Nun, wer einmal über das Wesen der Analogiewirkung nachgedacht [1]) hat, für den wird in jenem nichts Anstössiges liegen. Ich erinnere jedoch an deutsches

    älteres *glimme*   gegenüber jüngerm *glimme*
            glam   glomm
            glommen   *glommen*;
    älteres *quelle*   gegenüber jüngerm *quelle*
            qual   quol
            quollen   *quollen*;
    älteres *werde*   gegenüber jüngerm *werde*
            ward   wurde
            wurden   *wurden*;

umgekehrt aber

    älteres *binde*   gegenüber jüngerm *binde*
            band   *band*
            bunden   banden;
    älteres *sinne*   gegenüber jüngerm *sinne*
            sann   sann
            sunnen   sannen

etc. Ebenso auf französ. Boden selbst:

    afr. *aim* etc. gegenüber nfr. *aime*
         amons   aimons
         aiment   *aiment*

aber

---

1) Ich verweise beiläufig auf die ausgezeichneten diesbezüglichen principiellen Erörterungen PAULS in den Beiträgen zur Gesch. d. deutsch. Spr. u. Lit. IV, 320 ff.

afr. *lieve* etc. gegenüber nfr. lève
levons ——— *levons*
lievent ——— lèvent;
afr. *trueve* etc. gegenüber nfr. trouve
trouvons ——— *trouvons*
truevent ——— trouvent

u. s. w.

Gerade für die Verbalflexion ist also die besprochene Differenzirung des lat. palatalen *c* besonders interessant. Eine Veränderung des Stammvokals behufs der Conjugation, je nachdem er den Wortton hat oder nicht hat, ist bekannt. Ebenso existirten aber auch in einigen Fällen, wie wir eben gesehen haben, ursprünglich Veränderungen des stammhaften Consonanten je nach dem Ton behufs der Conjugation, nur dass diese letzteren Verhältnisse durch das Wirken der Analogie noch weit früher (bis auf einige wenige Spuren, cf. oben *place*) verwischt und getrübt wurden, als die Unterschiede, welche bezüglich des Stammvokals, je nachdem er betont oder unbetont war, bestanden: Ein *aim* gegenüber *amons*, *lieve* gegenüber *levons* u. s. w. erhielt sich bekanntlich noch recht lange als *place* neben *plaisions* schon längst geschwunden war. Eine „Stammabstufung" in der französischen Verbalflexion [1]) fand somit sowohl in Bezug auf den stammhaften Vokal wie auf gewisse stammhafte Consonanten statt. Ob noch weitere Consonanten ausser palatalem *c* in Betracht kommen, wäre interessant zu untersuchen. Die Unterschiede der Entwicklung in *revancher* und *venger*, *clocher* und *juger* etc., die Förster cheu. as deus espees S. LIV Schwierigkeiten machen, beruhen — beiläufig bemerkt — vielleicht auf demselben Princip. Tonloses *ch (č)* entwickelt sich aus Consonant + *ica* (resp. *i (e) + a)* im Nachlaute betonter Silben, tö-

---

1) Fürs Germanische cf. besonders Braune, „über den grammatischen Wechsel in der deutschen Verbalflexion" in den Beiträgen zur Gesch. d. deutsch. Spr. u. Lit. I, 513 ff.; K. Verner, Zs. f. vergl. Sprachforschung XXII, S. 104 ff.

nendes g (g) vor dem Tone: Die ursprünglichen Paradigmata würden also so lauten:

⊥ dico	*venche	cloche	*juche
⊥ dicas	*venches	cloches	*juches
⊥ dicat	*venche(t)	cloche(t)	*juche(t)
– dicámus	vengeons	*clogeons	jugeons
– dicátis	vengez	*clogez	jugez
⊥ dicant	*venchent	clochent	*juchent,

die dann zu folgender Gestalt veranalogisirt wurden:

venge	revanche	cloche	juge
venges	revanches	cloches	juges
venge(t)	revanche(t)	cloche(t)	juge(t)
vengeons	revanchons	clochons	jugeons
vengez	revanchez	clochez	jugez
vengent	vervanchent	clochent	jugent.

Aus *juche etc. erklärt sich durch Analogie der Inf. juchier, aus *venche etc. uenchier, aus *esrache etc. esracier u. s. w., die Förster a. a. O. zahlreich belegt.

Eine zusammenhängende Darstellung der (vokalischen wie consonantischen) Stammabstufung in der Verbalflexion des Französischen (oder der romanischen Sprachen überhaupt) wäre ein sehr dankenswerthes Unternehmen. Eine Reihe einschlägiger Fälle sind schon, aber ziemlich zerstreut, besprochen: cf. z. B. Förster, über *vaincre* und *mangier* Zs. für roman. Phil. I, S. 562; Osthoff, über *aider:* Das Verbum in der Nominalcomposition etc. S. 266 Anm. *); Cornu, remarque sur l'ancienne conjugaison du verbe *parler*, Romania IV, 457 f.; über ital. *dovere, uscire, udire* etc.: *devo, esco, odo* etc. Mussafia Wiener Sitzungsber. phil. hist. Cl. XXXIX, S. 525 ff. (1862) u. s. w. Hoffentlich nimmt bald Jemand Veranlassung, diese zerstreuten Bemerkungen zusammenzufassen und zu ergänzen. Eine umfassendere Untersuchung, die auch die ausserfranzösischen roman. Sprachen berücksichtigt, würde interessanten Stoff z. B. auch im Italienischen finden. Während im Französischen heut zu Tage Spuren jener ältern vokalischen geschweige der consonantischen Stammabstufung nur selten noch angetroffen werden *(aim — amons, moine — menons, lieve — levons* u. s. w. haben sich längst dem Uniformirungstrieb gefügt, erhalten ist z. B. *meurs — mourons, meus — mouvons, peux — pouvons, requiers — requérons* etc.), finden sich solche im heutigen Italienisch gar nicht selten; cf. z. B. zu *udíre*, Präs. Ind.: *ódo, ódi, óde, udiámo, udíte, ódono; udísce;* Conj.: *óda, óda, óda, udiámo, udiáte, ódano.* — Zu *uscire:* Präs. Ind.: *ésco, ésci, ésce, usciámo, uscíte, éscono* u. s. w. — Vokalische und consonantische Stammabstufung liegt vor in: *débbo, débbi, débbe, dovémo, dovéte, débbono* $(\bot b \_ :$ tonlosem $bb; \_ b \bot :$ tönendem $v = \bot c \_ :$ tonl. s; $\_ c' \bot :$ tön. s). So lautete wohl das Paradigma des Präs. Ind. von *dovere* in seiner ursprünglichsten Gestalt, die aber bei keinem Verbum durch so vielfaches, sich durchkreuzendes Wirken der Analogie verwischt wurde wie hier: *debbo* rief ein *dobbiamo* und *debbiamo*, *dovemo* ein *devo* hervor u. s. w. (s. Blanc, Grammatik der ital. Sprache S. 428). Auch der Conj. Präs. wird ursprünglich *débba*, ... *doviamo, doviáte, debbano* gelautet haben, wo dann wegen *debba* ein *dobbiamo, debbiamo*, wegen *doviamo* ein *deva* auftrat: cf. ferner *muoro, muori, muore, moriamo, moríte, muorono* und die durch Analogiewirkung entstandenen *moro, mori, more, morono* u. dergl. m.; cf. oberländ. *miera, mieras, miera; murin, muríts, mieran*. Vokalische Stammabstufung im Spanischen, d. h. Diphthongirung des stammbetonten Vokals ist bekannt *niego — negamos, siento — sentimos, duermo — dormimos — duermon* etc.

Doch kehren wir zu unserm Ausgangspunkt zurück. In der angedeuteten Weise, am meisten durch den Einfluss der Analogiewirkung, erklärt sich die grösste Zahl der Ausnahmen, welche sich dem oben aufgestellten Gesetz der fr. Differenzirung von lat. pal. *c* und *ti* zwischen Vokalen: tonl. ς *(ss)* in der Stellung $\bot c\,(ti)\_$ und tönendem *s* in der Stellung $\_ c\,(ti)\bot$ nicht fügen. Alle Ausnahmefälle hier namhaft zu machen und zu erklären muss ich mir aus dem Eingangs genannten Grunde versagen. Doch darf und will ich hier nicht verhehlen, dass ich für ein paar Fälle bis jetzt erst eine nur hinlänglich befriedigende Erklärung, für einige — freilich immerhin so wenige, dass das Gesetz dadurch nicht in Frage gestellt wird — noch gar keine gefunden habe. Der gegenseitigen Anregung und des wechselseitigen Gedankenaustauschs wegen — und somit zur Förderung unserer Wissenschaft —, ist es aber ganz gut, wenn man öfter auch das bezeichnet, was man nicht weiss, anstatt mit Stillschweigen einfach über Schwierigkeiten hinwegzugehen: Bedenklichkeit oder Furcht vor Scham ist hier durchaus nicht am Platze. In einer jeden Wissenschaft, und um wie viel mehr in einer so jungen, wie die unsere, giebt es unendlich vieles, was dem einen zu wissen oder zu entdecken zum Verdienst gereicht, was nicht gewusst oder gefunden zu haben ein anderer sich deshalb aber noch nicht zu schämen braucht. So mögen denn hier noch ein paar Fragen, die ich im Augenblick noch nicht genügend zu beantworten weiss, Platz finden.

Fr. *onze, douze, treize, quatorze, quinze, seize* haben scheinbar tönende Spirans entwickelt bei der Accent-Stellung ⏑ ´ —, die eigentlich tonloses *f (ss)* erheischte; ebenso fällt auf, dass in mehreren Wörtern ein Consonant dem *s* vorhergeht. Dies lässt wohl darauf schliessen, dass palat. *c* hier sich zu tönendem *s* schon entwickelte, als es noch zwischen Vokalen stand: *undecim, duodecim* etc. Da stand es denn auch nicht im Nachlaute einer betonten Silbe (was Entwicklung zu tonloser Spirans fordert), sondern unmittelbar nach einer unbetonten und vor einer wenigstens nebenbetonten: *úndecím, duódecím* etc. — Wie ist *vermissels* = lat. **vermicellum* mit *ss* statt *s* zu erklären? cf. *reticellum : roisel*. Warum wurde **acídrium : acier ?* Lehnte es sich an *acerín, acere* an, wo tonl. *f* im Nachlaute einer wenigstens nebenbetonten Silbe *(acerín)* einigermassen motivirt sein mag. Wie erklärt sich *maciónem : maçon gegenüber regelrechtem rationem : raison ; saison, tison etc.? In maçon liegt vielleicht Analogiewirkung eines einmal vorhanden gewesenen, dann verloren gegangenen Nominativparadigma vor. (*mdce = mdcio, wie deren andere ähnliche ja zahlreich fr. erhalten sind; cf. confesse, dace, dédicace, pertuis, préface, wallon. acclamasses, afr. estrace, generasse, dois, dissense u. s. w.; s. Tobler, Gött. gelehrte Anz. 1872 S. 1901 Anm.*)); ebenso erkläre ich hérisson aus einem hypothet. *herice. Ganz rathlos bin ich in Bezug auf justise, servise, amendise, sacrifise mit ihrem durch zahlreiche Reime (cf. eglise : seruise, Bartsch, chrest. 307, 25; seruise : brise 310, 31; guise : servise 324, 22, R. de la Rose; eglise : servise 243, 31; justise : tramise 217, 14; servise : eglise 218, 32 u. ö. ib. u. s. w.) bewiesenen tönenden s neben der regelrechten Form mit tonlosem ç (ss) justice, service etc. oder justesse etc. Dass gerade eine ganze Gruppe von Wörtern mit ise (= itia) ausweicht, legt die Vermuthung nahe, dass in der Nachbarschaft des i der Grund des s zu sehen ist. Doch bin ich um eine lautphysiologische Erklärung verlegen. Zu beachten ist, dass dieselbe Endung itia auch im Spanischen und Portugiesischen ausweicht. Gemäss der Accentstellung sollte auch dort (s. u.) tonlose Spirans entwickelt sein wie in offiçio, serviço etc. Wir haben aber stets port. avareza, port. baroneza, span. baronesa, braveza, port. careza, clareza, corteza, dureza, fortaleza, graveza, grandeza, port. justeza, largueza, port. molleza, port. nobreza, span. nobleza, proeza, riqueza, port. sorpreza, tristeza etc. Cf. auch prov. alteza, altesa; riquesa etc.

Man gestatte mir den Excurs noch ein wenig auszudehnen, um die Gültigkeit des für die rom. Entwicklung des lat. pal. c und ti zwischen Vokalen aufgestellten Gesetzes noch anderweitig auf romanischem Sprachboden, wenigstens andeutungsweise in seinen Grundzügen kurz zu constatiren. Die weitere Ausführung und Prüfung muss ich andern überlassen [1]).

---

1) Ueberall wird, wie ich für's Fr. nachwies, in Folge der Dop-

Auch im Provenzalischen entwickelt zwischen Vokalen pal. *c* und *ti* sich urspr. zu tonloser Spirans im Nachlaute der betonten Silbe, zu tönender Spirans dagegen vor dem Tone. In der schriftlichen Wiedergabe der beiden verschiedenen Laute finden wir freilich altprov. ein merkwürdiges Wirrsal zwischen der Bezeichnung *c, s, ss, z*. Wir haben hier aber nicht etwa eine „hésitation de la langue entre la spirante sourde et la sonore" — so etwas gibt es in der Sprache nicht: wo dieselben Bedingungen vorhanden, giebt es kein Schwanken der Sprache zwischen zwei Lauten *(s, z)*, sondern nur eine bestimmte Laut-Entwicklung; — wir haben es vielmehr in der That nur mit einer Ungenauigkeit der Schreiber zu thun, die es nur in geringem Masse dahin brachten, tönende *(c, ss)* und tonlose Spirans in der Schrift zu scheiden, und meistentheils die vier Zeichen promiscue für beide Laute anwandten. Die Beispiele richtiger Schreibung sind aber immerhin häufig genug, so dass das ursprüngliche Verhältniss und die lautgesetzlich bedingte Scheidung in tonlose und tönende Spirans unverkennbar und leicht beobachtet werden kann.

1) ⊥*c* (*ti*) ⌐ : tonloser Spirans in *brassa* (*brachiam), *facia, fassa* (*faciam*), *massa* (*mateam*), *menassa, noyrissa, pelissa* (*pelliciam); *plassa = plateam* und *plassa = placeam* (Conj. Präs.) cf. o. fr. *place; riquessa; tristessa* u. s. w. (Joret, a. a. O. S. 131.)

2) ⌐ *c* (*ti*) ⊥: tönender Spirans in: *azel, ausel, auzel, auzil;* Präs. Ind. Plur. *dizem, dizetz,* Impf. *disia;* Part. Präs. *dizent; donzel, donsel; dusem,* Part. Präs. *dozen; douzil (duciculum); fazia, fasia* (*faria:* nur tönende Spirans geht zu *r* über: s. u.), *fezes = Conj. Impf., fazetz, fazenda, fasenda; jazer, jaser, jazia* (schwankt in der Schreibung: *jacer, jasser*); *lezer, leser; luzir, lusir; meizina (medicinam,* daneben das

pelentwicklung je nach dem Ton eine consonantische Stammabstufung in der Verbalflexion neben der vokalischen, die ja bekannt, existirt haben, worauf ich aber im folgenden nicht weiter eingehen kann.

fremdwortliche *midissina*), *plaẕer*, *plaser;* Part. Präs. *plaẕen,
plasen, plaisen; raẕim, rasim* (= *racemum*); *laẕer;* *veẕi, vesi;*
— *abusio* (*abutionem*), *fablaẕo, oraso, preẕar* und *presar,
quastiaẕo, raẕo* und *raso;* *saẕo* und *saso;* *traaẕo;* *vengaẕo*
u. s. w. Auch im Provenzalischen rangiren *onẕe, doẕen, treẕen,
qualorẕe* und *catorse, quinẕe* und *quinse, seiẕe* und *seisen* zu
tönender Spirans gleich fr. *douẕe* etc., s. o.

Dass auch auf prov. Sprachboden ebenso ein mannigfacher Ausgleich zwischen beiden Lauten durch Wirken der Analogie stattgefunden hat, wie auf franz. Gebiete, ist zu erwarten. Ich kann mich hier nicht weiter darauf einlassen.

Ladinisch:

1) ⊥ *c* (*ti*) ‿ : tonl. Spir. (*ss*, *ç*) inl. oder ausl. geworden durch Abfall der Endung: friaul. *braç, cros, façe, glaçe* (friaul. und tir.), *laç* (friaul. = *laqueum*), *luç* (friaul.), *peçe* (tir. = *picem*), *veçe* (friaul. = *viciam*), *voçe* (tir. = *vocem*). Vergl. auch Sard. camp. u. log. *offissiu, sacrifissiu* etc. Wenn tir. friaul. auch *piaçer* (cf. Joret, S. 136) vorkommt bei der Accentstellung ‿ *c* ⊥, so liegt hier im Inf. Analogie zu den stammbetonten Formen *plíceo, pláceam* etc., die tonl. Spirans entwickeln müssen, vor (= *aimer : aim* für *amer*). Ascoli, Saggi ladini 524 führt übrigens friaul. *plaže* an; cf. piem. *piasi.*

2) ‿ *c* (*ti*) ⊥ : tönender Spir. (*s*, *ẕ*): *aẕed* friaul.; *aẕeo* tir. *cuẕine, noẕe* friaul.; *reẕint* friaul. = *recinctum;* *laẕe* friaul.; *viẕin* friaul. (mail. *vesin*) u. s. w.

Ebenso verhält es sich ursprünglich mit den beiden roman. Idiomen der pyrenäischen Halbinsel. Auch hier die Doppelentwicklung von palatalem *c* und *ti* zwischen Vokalen zu tonloser resp. tönender Spirans je nach dem Accent. Ich stelle Portugiesisch und Altspanisch zusammen, die sich im vorliegenden Falle in keiner Weise unterscheiden. Von dem besondern Weg, den das Neuspanische einschlägt, kann ich hier absehn.

Im Altspanischen herrscht zwar auch in Bezug auf Bezeichnung von tönendem und tonlosem *s* dieselbe Verwirrung, wie wir sie im Provenzal. gefunden haben: *c* und *z* fungiren dem für feinere Lautunterschiede kaum empfänglichen Schreiber promiscue für beide Laute. Das lautgesetzliche Verhältniss ist aber auch hier unverkennbar.

1) *ic* (*ti*) ⁓: tonlosem *ç: braço, boliço* port.; *docil, espaço* port., *espacio* sp.; *face, facil, graça, justiça, maça, a-meaça* port., *a-menaça* span., *offiçio, palacio, preço* port., *precio* sp.; *preguiça* port.; *peça* port., *pieça* sp.; *praça* port., *plaça* span.; *policia; poço* port. = *puteus; sacrificio, serviço* port., *servicio* span. u. s. w.

2) ⁓*c* (*ti*) *i*: tönendem *s: asedo, cosinha* port., *cosina* altsp.; *cruzar, dezembre* port., *desiembre* altsp.; *dizemos, dizeis* etc., *donzella, duzir* port., *aduser* altsp.; *duzentos* port., *dozientos* altsp.; port. *fazemos, fazer, fazendo* etc.; *jazer* etc.; *luzir* etc.; port. *nubenzinha; montezillo* altsp.; *praser* port., *plazer* altsp.; *redezinha* port.; *trezentos; vezinho, visinho* port., *vezino* altsp. — Dem franz. *onze, douze* etc. entsprechen hier wiederum *onze, doze, treze, quatorze, quinze* u. s. w. —

Das Ausweichen der Endung *itia : eza* mit tönendem *s* statt tonl. = afr. *sacrifise, servise* etc. ist schon oben (S. 90) erwähnt. — Unregelmässigkeiten zeigen auch die span. port. Wörter, welche auf lateinische mit dem Ausgang *i tio, ̠tiónis* zurückgehn. Den span. port. Wortformen liegt lat. *-tiónis* zu Grunde; da *ti* somit vor dem Tone steht (⁓*ti i*), so sollte man Entwicklung zu span. *-zon*, port. *-são* mit tönender Spirans erwarten. Diese regelrechte lautgesetzliche Entwicklung liegt denn auch in ein paar Beispielen vor: port. *sazão, rasão (rasão)*, span. *sazon, razon* = fr. *saison, raison*, pr. *sazo, razo;* span. *tizon* (port. jedoch mit tonl. *s: tição*). Dafür zeigt aber eine ganze Reihe hierher gehöriger Wörter tonloses *ç* (cf. Joret, a. a. O. S. 148): port. *carregação*, span. *cargaçon;* span. *coraçon;* port. *doação*, span. *donacion;* port. *erudição, exposição;* port. *esfação*, span. *estacion;* port. *ligação*, span. *ligaçon;* port. *moção;* port. *nação;* port. *nutri-*

ção, span. *nutricion;* port. *observação;* port. *tição; traição,* span. *traicion;* port. *veação (venationem)* u. s. w.; s. C. v. Reinhardstoettner, Grammatik der portugiesischen Sprache (Strassburg 1878. 8⁰) S. 85. Hier liegt die Sache vielleicht ebenso, wie bei frz. *maçon,* das ja auch von der regelrechten Entwicklung, wie sie in *raison, saison* u. s. w. vorliegt, abweicht. Wie ich dort (S. 89) das unregelmässige tonlose *s* durch Analogiewirkung eines verloren gegangenen Nominativparadigma (*mácē) glaubte erklären zu können, so auch im vorliegenden Falle: In ältester Zeit, so nehme ich an, bestand ein Nominativ span. *donacio (mit tonl. *s=dondtio*) und casus obl. *donasion (mit tön. *s = donatiónem*), port. *doaço und *doasão u. s. w.; **donacio,* *doaço riefen ein *donacion, doação* hervor, später schwanden die Formen *donacio etc. und nur *donacion, doação* mit scheinbar unregelmässiger Lautentwicklung (*ç*) bleiben bestehen. Wie gewaltig der Einfluss der Analogie ist und in welchem Umfange durch dieselbe die Wirkung unseres Lautgesetzes durchbrochen wird, zeigt wie im Franz. auch hier am deutlichsten und frappantesten die Verbalflexion: ein port. *jazemos, jazeis, jazia; jazer (⏑́⏑)* zogen *jazo, jazes, jaz, jazem* (́⏑⏑) nach sich, die ja gemäss der Accentstellung tonloses *s* (*jaço) entwickeln sollten; dem lat. *facio* entspricht port. regelrecht *faço,* die zweite und dritte Person *fazes, faz* Plur. dritte P. *fazem* stehn schon wieder unter dem Einfluss der Analogie von *fazemos, fazeis;* der Conj. Präs. lautet im Singular (= *faciam :* ́⏑⏑) regelrecht port. *faça, faças, faça,* dritte Pers. Plur. *façam.* Das tonlose *ç* dieser Formen drang von hier aus dann auch in erste und zweite P. Pl. *façamos, façais,* wo der Accentstellung ⏑́⏑ gemäss tönendes *z* erwartet wird. Also auch hier ursprünglich consonantische Stammabstufung in der Verbalflexion: Das ursprüngliche Paradigma der genannten Beispiele würde so lauten:

```
  ́⏑⏑: faço         faça         *jaço (z)
  ⏑́⏑: *faces (z)   faças        *jaces (z)
  ⏑⏑́: *faç (z)     faça         *jaç (z)
```

_c⊥:   *fasemos*   **fasamos(ç)*   *jasemos*
_c⊥:   *faseis*   **fasais (ç)*   *jaseis*
⊥c_: **façem (s) façam   *jacem (s)*,
die dann in der angegebenen Weise veranalogisirt wurden.
Eine auf andern als den bisher genannten romanischen Sprachgebieten vorkommende Doppelentwicklung von lat. palat. *c* und *ti* zwischen Vokalen beruht ebenfalls ursprünglich auf einer Verschiedenheit der Accentuation: auf der einen Seite entwickelt sich in einigen rom. Idiomen tonloses *č* (*tsch*) und seine Fortsetzung *š* (*sch*) bei der Accentstellung ⊥*c(ti)*_, auf der andern Seite tönendes *ǧ* (*dj*) und seine Fortsetzung *ž* (*j*) bei einer Tonstellung _*c(ti)*⊥.

I. ⊥*c(ti)*_.

a. Tonloses *č* (vor allem ital. und dacorom.).

Ital. *braccio*, rhätor. *bratsch;* dacor. *coače*, ital. *cuocere;* dacor. *seče*, it. *diecci;* dacor. *siče* (*dicere*), *sičí* (*dicis*) etc.; it. *díči* (*dicis*) etc.; dacor. *duče* (*ducere*), *duči* (*dúcis*) u. s. w., it. *ducere, duči* etc.; it. *faccia*, rhätor. *fatscha* (*faciam*); it. *ghioccia*, dacor. *peče*, it. *pače*, dacor. *boače*, it. *voče*. — *č* haben auch die Ableitungssilben *-áceus, -óceus, -úceus* im Spanischen und Portugiesischen entwickelt; span. *borracha, garnacha, hornacha, muchacho, penacho, ricacho, verdacho, vulgacho*, port. *friacho, lebracho, riacho;* — span. *garrocha, aguilucho, avechucho, carducha, capucho, mazucho*. — Aus dem Italienischen rangiren noch von den zahlreichen Nom. Plur. auf *-ci*, die lat. Nom. *-ci* entsprechen, hierher: *amíci, nemíci* etc. Ich bin entschieden der Ansicht d'Ovidios (Sull'origine dell' unica forma flessionale del nome italiano. Pisa 1872), dass diesen Formen (ebenso den übrigen *apríci, canonici, medici* etc.) der lat. Nom. Plur. auf *-ci* zu Grunde liegt: Bei dieser Auffassung erklärt sich alles leicht und ungezwungen, während eine Herleitung aus dem lat. Acc. Plur. *-cos*, die Tobler, Gött. gel. Anz. 1872, Nr. 48 S. 1902 in seiner inhaltschweren Rezension [1]) von d'Ovi-

---

1) Cf. auch Ascoli, Arch. glott. ital. II, S. 416—438; Schu-

dios Schrift und nach ihm Joret, du C etc. S. 94 vertreten, lautlich Schwierigkeiten macht: schon die Erklärung des *i* aus *os*, die Tobler giebt, ist etwas künstlich. Die velare Gutturalis (statt č) in *archi, ciechi, fichi, fochi, giuochi* etc. spricht nicht für urspr. *-cos* und nicht gegen Herleitung aus *-ci:* die ursprünglichen Formen sind auch hier *arci, *cieci, *fici *foci, *giuoci* etc.; aus den Singular-Formen *arco, cieco, fico, foco, giuoco* etc. drang dann aber durch Analogiewirkung die velare Gutturalis in den Plural.

b. Tonloses š, eine Weiterentwicklung der früheren č, findet sich im Nachlaute betonter Silbe im rhätoromanischen Dialecte (Oberländ. Engad.) und im Ladinischen Tirols; der nachfolgende Vokal ist, da er in den Auslaut trat, meist geschwunden: oberl. eng. *crusch*, tir. *croš;* oberl. *diesch*, eng. *disch;* oberl. *descha* (*decet*); oberl. eng. *pasch*, tir. *paš*; tir. *peš* (*picem*); oberl. eng. *vusch*; im Rumänischen entwickelt *-aceum* ein *-aš*, *-iceum* ein = *iš*, *-uceum* ein *-uš* (Joret, a. a. O. S. 98).

II. *- c (ti) ⊥.*

a. Tönendes ǧ in den ital. *abbragiare, augello, damigella, dugento, piagente, vagello (vacillo); — presentagione, ragione, stagione, venagione, vexagione* etc., ganz gleich fr. *raison, venaison* etc. mit tönendem *s*.

b. Tönendes ž gehört einigen rhätoromanischen und italienischen Dialecten an. Tir. *ažedo, aže* (*acetum*), sard. camp. *axedu* (*x* = ž); ital. dial. *aucellum: užel*; tir. *diževa*; rhätorum. *noužer* = *nocere*; rhätorom. *plažer* (Oberl.), unterengad.: *plažair*; tir. *plažer, piežer*; ital. dial. *plažer*; tir. *rušin*; unterengad. *tažair*, tir. *težer*; *vežin* u. s. w.

Diese Doppelentwicklung auf den ebengenannten Sprachgebieten giebt auch hier die Mittel zu einer **consonantischen Stammabstufung** in der Verbalflexion an die Hand.

---

chardt, Zs. f. vergl. Sprachf. XXII, 167—186; Mussafia Rom. I, 492—499.

Während im Franz. z. B. diese durch das Wirken der Analogie völlig verwischt ist, haben sich auf einzelnen der genannten Gebiete Spuren davon erhalten. Man vergleiche z. B. im Oberländischen vom Verbum *far* (*facere*)

	Präs. Ind. *fetsch*	Conj. *fetschi*
₁ c ͜	*fas*	*fetschias*
₂ c ͜	*fa*	*fetschi*
͜ c ₁	*figiein*	*figieian*
͜ c ₁	*figieits*	*figieias*
₁ c ͜	*fan*	*fetschian.*

S. O. Carisch, Gram. Formenlehre etc. S. 75. In dem ladinischen Dial. des Fassathal (Tirol, Kreis Trient) lautet regelrecht lat. *pláceo piaš* mit tonlosem *š*, *placére piažer* mit tönendem *ž*, über welches Nebeneinander in demselben Worte sich Joret, a. a. O. S. 100, Anm. 2) demnach ohne Grund wundert. — So rein wie in diesen Beispielen hat sich das ursprüngliche Verhältniss nur in wenigen Fällen erhalten. Zumeist hat auch hier das Wirken der Analogie jenes modifizirt. Ein Infin. rumän. *tęce*, ital. *tacere*, rumonsch *tascher* (͜ c ₁) verdankt sein *č*, *š* (tonl.) der Analogie der stammbetonten Formen *tacio* etc., die auch Formen wie ital. *taciamo* u. s. w. hervorriefen; übrigens zeigen nicht alle Dialecte des Rumonsch in gleicher Weise *tascher:* das Unterengadinische hat *tažair* (cf. tir. *težer*) mit einem der Accent-Stellung ͜ c ₁ entsprechenden regelrechten tönenden *ž*: Ebenso liegt die Sache bei ital. *giacére* (cf. rum. ʐęče), *giacciámo*, *giacéte* etc., wo *giáccio* etc. mit lautgesetzlichem tonl. *č* wirksam war und siegte; ebenso *piacére* etc., cf. jedoch *plažer* in der Mundart der Thäler von Bormio, s. Ascoli, Saggi ladini, Archivio glott. I, S. 291; piemont. *piaží* (tönendes *ž*), Archivio glott. II, 129; siehe ferner ital. *piagente* (tönendes *ǧ*) = *placéntem*, das von der Wirkung der Analogie verschont blieb und sich ausserhalb des Systemzwangs erhielt. Unregelmässig ist ital. *uccéllo*, rumonsch *utschél*, für deren tonl. *č* ich im Augenblicke keine Erklärung weiss; cf. jedoch regelrechtes tön. *ž* in *užel* des

Dialects der Thäler von Bormio, Ascoli a. a. O. S. 291; tön. *š*: *užel* piemontes.: Ascoli Arch. II, 129, resp. tönendes *ğ* im ital. *augello* = fr. *oisel*, prov. *auzel* mit tönender Spirans; ebenso ital. *vicino*, während der Dialect von Genua *bixinu vexin* mit tönenden *ž*, das Piemontesische *v[e]zin* mit tön. *z*, das Mail. *vesin* aufweist. Jenes *vicino* ist Fremdwort. It. *cucína* ist an *cuócere* angelehnt.

Diese Andeutungen mögen genügen. Wenn ich auch, was die ausserfranzösischen Sprachgebiete anbetrifft, nur sehr kurz sein und das anderweitige Wirken des für die Entwicklung von urspr. pal. *c* und *ti* zwischen Vokalen aufgestellten Gesetzes nur in grossen Zügen umrissweise bezeichnen konnte, so wird doch, glaube ich, aus dem Vorstehenden zur Genüge erhellen, dass auf dem gesammten romanischen Sprachgebiete die Entsprechungen der genannten lat. Laute in der bezeichneten Stellung, welcher Art jene sein mögen, eine entschiedene Neigung zum Tönendwerden zeigen, wenn der Accent folgt, sich dieser Neigung aber im Nachlaute accentuirter Silben enthalten und tonlos bleiben.

Besonders interessant bei dem ganzen soeben auseinandergesetzten Vorgang ist noch der Umstand, dass wir so auf romanischem Sprachboden für eine bestimmte Lautgruppe — ob noch für weitere, bedarf der Untersuchung [1]) — ein ganz ähnliches Gesetz antreffen, wie es Karl VERNER in seinem epochemachenden Aufsatze: „Eine Ausnahme der ersten Lautverschiebung", Kuhns Zs. für vergl. Sprachf. XXIII, S. 97 ff. für das Germanische aufgestellt hat [2]). Ich will auf dieses hier kurz eingehn, da dies zur Illustration und zum weitern Verständniss des von mir fürs Romanische

---

1) S. meine Vermuthung in Bezug auf *juger, clocher, venger, revancher* oben S. 86 f.

2) Ich hatte übrigens mein Gesetz fürs Romanische bereits gefunden und formulirt, als mir diese Parallele aus dem Germanischen bekannt wurde.

aufgestellten nicht ohne Nutzen ist. Indogerm. *k t p* wird nach dem Gesetze der Lautverschiebung germanisch zu *h, th, f.* Nun wird aber zahlreich — und zwar scheinbar unter denselben Bedingungen — eine doppelte Entwicklung schon in der germanischen Grundsprache beobachtet, einmal zu den genannten tonlosen Fricativae, andererseits zu den entsprechenden tönenden Explosivae *g, d, b*; ebenso hat die vom Indogerman. ererbte tonlose Fricativa *s* zwei Responsionen: tonloses und tönendes *s: z.* B. ahd. *slahan, sluoh, sluogum, slagan; dwahan, dwuoh, dwuogum, dwagan; sîhan, sêh, sigum, sigan; dîhan, dêh, digum, digan; fliohan, flôh, flugum, flogan;* ags. *snîdan, snâd, snidon, sniden* u. s. w.; *kiosan, kôs, kurum (r* aus tönendem *s), koran* etc.[1]) Ebenso ausserhalb des Conjugationsgebietes: einem *bhrâtar, mâtar, pitar* entspricht *brôþar,* aber *môdar, fadar;* urspr. tonl. fricativa *s* wird einmal germ. *ausan* (ahd. *ôra), deusa* (ahd. *tior),* das andere Mal germ. *nasa-* (ahd. *nasa).* Bei der Untersuchung der Accentverhältnisse in den indogermanischen Voraussetzungen der genannten germanischen Wörter und Wortformen ergab sich Verner, dass, während die betreffenden Wörter im Germanischen den Accent gemeiniglich auf der Stammsilbe haben, dies erst jüngere Gestaltung früher durchaus andersartiger Verhältnisse war. Es ergab sich die Uebereinstimmung, dass, wo wir im Germanischen tonlose Fricativae *h, þ, f* und *s* im Wurzelauslaut haben, im Altindischen der Accent auf der Wurzelsilbe ruhte; wo dagegen die germanischen Formen die tönenden Explosivae *g, d, b* und die tön. Fricat. *s* im Wurzelauslaute aufweisen, der Accent altindisch auf die Endung fällt: Inf. germ. *lîþan* (ahd. *lîdan)* etc. = altind. *ɿ ana;* Prät. germ. *laiþ* (ahd. *leid)* etc. = altind. *ɿa;*

---

1) Ich wähle die verbalen Beispiele aus dem Ahd., Ags. etc., bemerke aber ausdrücklich, dass diese Differenzirung in der Conjugation schon der germanischen Grundsprache angehört; s. Verner a. a. O. S. 108. Das Gotische hat das ursprüngliche Verhältniss schon getrübt, konnte daher die Beispiele nicht stellen.

Plur. Prät. *lidum* (ahd. *litum*) etc. = altind. ₋*imá*; Part. germ. *lidana* (ahd. *litan*) etc. = altind. ₋*ná*; got. *bróþar* = urspr. *bhrá´tar*, aber *môdar* = *mâtár*, *fadar* = *pitár*; germ. *nasa*, ahd. *nasa* = altind. *ná´sá*; aber *hazan-*, ags. *hara*, an. *heri* = altind. *çaçá* für *çasá etc. Es erhellt hieraus, dass jene Differenzirung durch diese ursprünglich verschiedene Accentstellung bedingt und veranlasst war. Verner kam daher zu folgendem Endresultat (s. S. 114): Indogerm. *k*, *t*, *p* gingen erst überall in *h*, *þ*, *f* über; die so entstandenen tonlosen Fricativae nebst der vom Indogermanischen ererbten tonlosen Fricativa *s* wurden weiter inlautend bei tönender Nachbarschaft [und nachfolgendem Accente] selbst tönend, erhielten sich aber als tonlose im Nachlaute betonter Silben. Wenn wir auf das oben aus den romanischen Sprachen beigebrachte Material zurückblicken, so erscheint das Gesetz diesem fast auf den Leib zugeschnitten. Nur der Begriff tönende Nachbarschaft ist, soweit sich die Sache bis jetzt übersehen lässt, etwas enger zu fassen, in dem Sinne: zwischen Vokalen. Wir können daher mit geringen Modifikationen den Wortlaut des Verner'schen Gesetzes fürs Romanische anwenden: Lat. palat. *c* und *ti* gingen romanisch erst überall in *č* oder *š* oder *ç* (tonl. *s*) über; die so entstandenen tonlosen Fricativae wurden weiter inlautend zwischen Vokalen und bei nachfolgendem Accente selbst tönend (*ǧ*, *ž*, *z*), erhielten sich aber als tonlose im Nachlaute betonter Silben. Einem germanischen *líþau* (Conj. Präs. = altind. ɪ *eyam*) entspräche romanisch: fr. *fasse* etc. (= *faciam*, ɪ*c*₋), einem *lídum* (Prät. Ind. Plur. = altind. ₋*imá*) entspräche fr. *plaisions* (= *placeamus*, ₋*c*ɪ), *plaisir* (= *placére*) etc., einem *bróþar* (= *bhrá´tar*) fr. *glace*, *office* etc. (= *glacies*, *officium* etc., ɪ*c*₋), einem *môdar* (= *mâtár*) fr. *oiseau*, pr. *auzel* etc. (= *aucellum*, ₋*c*ɪ). Wie nun in einigen germanischen Sprachen das unter der angegebenen Bedingung entstandene tönende *s* (*z*) — und zwar immer nur tönendes, nie tonloses *s* — zu *r* übergeht (cf. Verner,

a. a. O. S. 112, 113), z. B. *kurum* zu *kiosan*, ahd. *ôra* zu germ. *auzan-*, *tior* zu germ. *deuza* etc., so auch auf einigen romanischen Sprachgebieten, z. B. im Provenzalischen: *faciebat* (_cɪ) giebt dem Gesetze gemäss *fazia* und daneben *faria*, *faciendo : fazen* und *faren*, ferner *faciebant : farian*, *fecisset : feres*, *fecimus : ferem*, *dicebat : dirie* und *dizie*, *placentes : plarens* etc.; — *macellum : mazel* und *marel*, *rationem : razon* und *raron* u. s. w.; cf. Romania IV, 186 f. Umgekehrt geht ja auch *r* bisweilen in tönendes *s* über: *chaire : chaise*, *bericles : besicles*. Dagegen geht tonloses *s* (*glace*, *face* etc.) niemals in *r* über. Vergl. über den Wechsel zwischen *s*, *z* und *r* im Romanischen Romania IV, 184—194; 464—470; V, 488—490 (Paul Meyer); VI, 261—266 (A. Thomas).

Die Identität der beiden besprochenen Erscheinungen des Germanischen und Romanischen geht noch weiter. Ebenso wie auf romanischem Boden (s. o.) das Wirken von Analogie das aufgestellte Lautgesetz hie und da durchbricht und besonders auf dem Gebiete der Verbalflexion der Systemzwang sich geltend macht, so auch auf germanischem Sprachgebiet. Man vergleiche z. B. nur, wie im Gotischen die Verbalflexion in den hierhergehörigen Beispielen veranalogisirt worden ist: *shahan*, *sloh*, *slohum*, *slahans* gegenüber ahd. *slahan*, *sluoh*, *sluogumês*, *slagan*; *theihan*, *thaih*, *thaihum*, *thaihans* gegenüber *dîhu*, *dêh*, *digumês*, *kadigan*; *kiusa*, *kaus*, *kusum*, *kusans* gegenüber *chiusu*, *chôs*, *churumês*, *kachoran* etc.; s. Verner a. a. O. an verschiedenen Stellen. Die Präsensformen haben den Sieg über die Präteritumsformen davon getragen und ihnen ihren Wurzelconsonanten aufgedrungen, eine Aeusserung der starken Uniformirungstendenz dieses Sprachidioms.

Was die lautphysiologische Erklärung des ganzen Vorgangs anbetrifft, wonach die tonlosen Fricativae (*č*, *š*, *ç*) im Nachlaute betonter Silben sich der Neigung zum Tönendwerden enthielten, so muss ich mich begnügen auf VERNERS Auseinandersetzung S. 115 ff. zu verweisen. Auch das Latein in seinem Uebergang zum Romanischen muss einen Accent gehabt haben, der nicht mehr rein chromatisch war, wie im Altindischen und den classischen Sprachen, sondern wie die modernen Accentuationen etwas expiratorisches an sich hatte; cf. Verner a. a. O. S. 115 Anm. 1), Sievers, Lautphysiologie S. 133. Da nun das stärkere Luftausströmen, welches die tonlosen Consonanten ja hauptsächlich characterisirt, zugleich ein Moment ist, das auch dem expiratorischen Accent eigen ist, so liegt auf der Hand, dass Silben mit letzterm Accente tonlose Consonanten ($\check{c}$, $\check{s}$, f) im Auslaut den tönenden ($\check{g}$, $\check{z}$, s, z) vorziehen. Das weitere s. bei Verner.

Nach diesem Excurse, der allerdings keine schon in allen Punkten abschliessende Untersuchung bietet, aber doch, wie ich hoffe, das von mir für die rom. Entwicklung von lat. pal. *c* und *ti* zwischen Vokalen aufgestellte Gesetz der Hauptsache nach als sicher und ausser Zweifel gesetzt erscheinen lassen wird, kehre ich zu den Urkunden von Vermandois zurück, um zuvörderst in Betreff der Gutturalen noch den Ausfall von *c* in Substantiven vor flexivischem *s* nachzutragen: *Clers* XX, 11; XXIX, 15; XL, 2; [*fourbours* LI, 15].

Die Dentalen bieten der Zeit unserer Urkunden gemäss nichts gerade bemerkenswerthes. Ich will wenigstens das Vorkommen von einigem schon anderweitig Bekannten constatiren.

Auslautende Dentalis (*t*) neigt bereits zum Verstummen nach einem Consonanten: *st* zu *s* in *s'es* XI, 8; cf. den Copisten des cheu. as deus espees *c'es* V. 8999; *s'es* V. 1951, 9257; *m'es* V, 2970 u. s. w. S. Förster a. a. O. S. XLVIII; ist *cis* XIX, 12 = *cis(t)* oder = *ci(l)s?* Da für letzteres der gewöhnliche, sehr zahlreich vorkommende Vertreter in unsern Urkunden *cius* ist, so ist wahrscheinlich *cis = cist* mit abgefallenem *t*; cf. noch *devandi = devant di* II, 14. Erweichung der Tenuis *t* zur Media, besonders wenn gewisse Consonanten vorausgehen, ist afr. nicht selten: *warandir* III, 18; V, 51; *warandise* XXXIX, 12; *garandir* Richars li biaus 2898, 4086; Cheu. as II espees 686; cf. Förster ib. S. LI. S. auch Schelers Anm. Baud. de Condé S. 392 zu II, 221.

Die Erhaltung von auslaut. *t* der Endungen *et, iet, it, oit, ut,* wo *t =* einem lat. *t* zwischen zwei Vokalen, ist dem pikardischen Dialecte durchaus eigenthümlich. Dass es nicht bloss eine Erhaltung in der Schrift, sondern auch in der Aussprache ist, beweist die Consequenz, mit der das *t* auftritt, noch mehr aber zahlreiche Reime [1]); über letztern Punkt cf. vor allem G. Paris, Vie de St. Alexis S. 271 ff. Diese Bewahrung von ausl. *t* ist bis ins 16. Jh. wahr zu nehmen: cf. Förster, Zs. f. d. österr. Gymn. 1874, S. 138. Jahrb. XIII, 199. S. ferner Tobler, Dis dou vrai aniel S. XXIV. Knauer an verschiedenen Stellen: Jahrbuch VIII, 30; XII, 168 f., Zur afr. Lautlehre S. 31 ff. Die Erhaltung von auslautendem *t* wird aber auch im Ostfranzösischen (Burgundisch-Lothringischen) angetroffen: z. B. Sermons de St. Bernard: *veriteit, salveteit* 521, 5; *atorneit* 522, 9 v. u.; *delivreit* ib. 6 v. u.; *supplanteit* 524, 7 v. u.; *falseteit* 525, 1; *pechiet* ib. 6; *apeleit* 529, 5; *esteit* 529, 10 u. dergl. mehr. Beispiele *(auctoriteit* 7, 24; *Honoreit* 13, 6; *veriteit* 15, 3 u. s. w.) aus den Dialogen Gregoirs lo Pape können einstweilen nicht mehr sicher als burgundisch (Diez Gram. I, 125) gelten, da diese Herkunft des Denkmals von Förster stark in Zweifel gezogen ist, und dasselbe von ihm vielmehr dem pikardischen und speziell Lütticher Dialect zugewiesen wird s. a. a. O. S. VIII. — Die Beispiele aus unsern Urkunden sind nun:

---

1) Hier können auch wiederum Reime aus dem Mhd. beweisend sein, wie z. B. *moraliteit : unmüezekeit* s. o. S. 19.

El: Abel XXXVI, 26: *markiet* XII, 5; XL, 6 (cf. dagegen *markie* XXVII, 4; XLIII, 3; *volente* II, 4); *moitiet* XLIV, 2, 7, 12, 14, 17 etc.; *paiet* XXII, 17, 35; *prononciet* XXII, 31; *renonciet* XXXVIII, 9; *toket* V, 68; XXVII, 5. *Ut: reconeut* VI, 16, 19, 20; *richieut* XXII, 10 u. s. w. Eine weitere Eigenthümlichkeit des Pikardischen, die auch in unsern Urkunden fast durchweg angetroffen wird, ist, dass dieser Dialect nicht wie sonst das Alfr. $t + s = z$ setzt, sondern stets *s* dafür aufweist; cf. Cheu. as deus espees S. LIII. Vergl. *couuens* XXXVI, 18; *deles* XI, 3; *deleis* V, 59 (daneben *deleis* V, 28, 36); *drois* III, 25; IV, 17; V, 73; *enfans* IV, 6; XV, 4; *escris* XIX, 12; *Lanbers* XI, 5, 8; *pies* XXXII, 11; *prendans* XXXVII, 28; *remanans* XI, 9; *Robers* XVI, 1; XXIII, 3; *tenans* XX, 7; XXXVII, 28; *Tiebaus* XXVI, 22; vergl. auch Verbalformen (2. Pers. Pl.) wie *sachies* XLVIII, 8; L, 9, woneben *aveis* XLIII, 6. Urkunde Nr. LI bietet natürlich im vorliegenden Falle gemeinfranzösisches Verfahren: *apaisies* 136; *dis* 11; *gens* 10; *iures* 21; *meffais* 18 u. s. w.

In *renc* L, 8 steht, wie oft, pikardisches *c* für auslautende Dentalis; cf. *commanc, cuic, demanc, douc, mec, entenc, hac* (2912), *haic* (6263), *hec* (7920) neben *demant* (2552), *quit* (3984) im Cheu. as deus espees; s. Förster a. a. O. S. LVII; cf. zu *demanc* etc. Mussafia, Germania VIII, S. 220. Doch ist hier wohl nicht, wie bisweilen geschieht, ein lautgesetzlicher Uebergang der Dentalis in die Gutturalis anzunehmen. Das Richtige scheint mir vielmehr Raynaud a. a. O. S. 111 getroffen zu haben: Ein *teneo* z. B. entwickelte regelrecht **tenjo : tieng* resp. *tienc;* diese und ähnliche Formen riefen durch Analogiewirkung ein *renc* (s. o.), *preng* (Ch. du Ponthieu XXVII, 9) und weiterhin ein *demanc, comanc*, ja sogar ein *mec, pramech* (Ch. du Ponthieu XXV, 83; XXXIII, 74) etc. hervor. „In halbem Bewusstsein zum Kennzeichen der ersten Person Sg. des Präsens erhoben, ward dies *c* auf Verba übertragen, die es aus sich selbst heraus niemals entwickelt hätten." Es ist dies ganz derselbe Vorgang auf afr. Boden, den Caroline Michaelis Jahrbuch etc. XIII, S. 324 für das Provenzalische etc. nachweist: Auch hier entstand nach dem Muster von *erc = erigo, esparc = spargo, trac = traho, venc, lenc = venio, leneo* ein *prenc = prehendo, perc = perdo, estauc = sto, vauc = vado* etc. Ebenso erklären sich afr. Conj. Präs. *porche, prengnent* (s. Raynaud S. 115) aus Analogie zu *tiegne, viegne* etc.

Tönendes *s* zwischen Vokalen wird häufig durch *z* dargestellt: *couzin* XXIX, 20; XLV, 3; *couzines* XLV, 19; *cuizine* XLV, 7; *coze* XLII, 8 (*choses* VI, 22); *deuizee* V, 20; XXIX, 17; *deuizeir* XLIII, 6; *faizant* XXIV, 8; XXVII, 11 (cf. *faisant* XVIII, 4; XIX, 4); *iglize* V, 14, 15, 37 (*eglise* XXII, 4); *Izabiaus* XXIV, 2 (*Isabel* XXXI, 9); *maizon* IV, 7, 9, 16; V, 4, 19, 29, 42; X, 20; XXVII, 4 u. ö. (*maison* I, 4; VIII, 3); *mize* V, 58; *mizent* XXVI, 10; *parizis* V, 62; *prizent* XVI, 3; *Roze* XXVII, 3.

Zu *promissent* XXII, 25 cf. Förster Cheu. as deus espees S. XLVII: *asissent* ib. V. 69, *gissoit* 900, *tressor* 1115, *loissir* 1501 u. s. w.

Einfaches *s* zur Bezeichnung von tonlosem *s (ss)* in *fuzent* III, 15; *uousizent* VII, 12.

Das bekannte Nebeneinander von *Lazre* und *Ladre* wird auch in unsern Urkunden angetroffen: *Lasre* XVII, 12; XXI, 8; XXVIII, 5; *Lazere* V, 7, 8; *Ladre* XXII, 18, 21, 23, 24, 33, 39.

Ueber *nz* für *ns* (*sanz* V, 42, 73; *ans* III, 17) ist viel herumgestritten: cf. LUECKING S. 130, der daselbst auf SCHUCHARDT, Romania III, S. 285 Rücksicht nehmen durfte. THOMSENS Anmerkung Mémoires de la Société de Linguistique de Paris III, S. 119 konnte ihm noch unbekannt sein. Das allein Richtige scheint mir KOSCHWITZ a. a. O. S. 64 (im Hinweis auf Merkel, Phys. d. menschl. Spr. S. 197) ausgesprochen zu haben, s. ib. —

Vor Consonanten wird *s* meist noch geschrieben, selbst

vor *m* und *n* (s. Förster cheu. as deus espeęs S. LII), z. B. *meisme* V, 53; *aumosne* VIII, 2 u. s. w.; Fälle, in denen es die Schrift vernachlässigt, sind ganz vereinzelt: *coutres* XXII, 28, aber *cousteur* ib. 4. War *s* schon zur Zeit unserer Urkunden im vorliegenden Dialect in der Stellung vor Consonanten gänzlich verstummt? Um diese Frage richtig zu beantworten, müssen wir uns zunächst vergegenwärtigen, wie man sich das allmähliche Verstümmen von *s* überhaupt zu denken hat. Das Richtige ahnt WACKERNAGEL: In seinem Aufsatze „die Umdeutschung fremder Wörter" (s. kleinere Schriften, III. Band. Leipzig 1874. S. 286) spricht er auch von dem Wechsel von *ST* und *HT*, den man im Alt- und Mittelhochdeutschen zuweilen in romanischen Wörtern beobachtet (*Sextarius sestar:* ahd. *sehtâri*, fr. *forest:* mhd. *foreht* u. s. w.). Durch solche Vertauschung scheint ihm der Uebergang von afr. *forest* zu späterm *forêt* am besten vermittelt. Der Ansicht, dass das Verstummen von *s* einen vorläufigen Uebergang zu einer Spirans, die mhd. durch *h* in *foreht* etc. wiedergegeben wird, voraussetzt, ist auch wohl DIEZ, Gram. I S. 457, wenn erdi es auch nicht direct und deutlich ausspricht. Diez spricht a. a. O. von einer Reihe von Sprachen und Mundarten, in denen *s* ohne Rücksicht auf seinen Ursprung mit spirantischem *h* vertauscht wird. Er erwähnt das Neu-Lothringische *aipâhi* = *apaiser, baihhi* = *baisser, fehtin* = *festin, pihtolet* = *pistolet*, constatirt ähnliches im Wallonischen [1]), bringt Beispiele aus Nord-Italien, der bergamaskirchen Mundart: *cahtel, cohta* = *castello, costa* etc., weist auf die Berührung der Spiranten *s* und *h* im Keltischen und citirt endlich die mhd. Schreibungen *foreht* etc. In der That, da — wie wir schon oben zu bemerken Gelegenheit hatten — die mhd. Dichter die französischen Wörter meist nur mit dem Gehör aufnahmen und dem Grundsatze getreu „schreibe, wie du sprichst resp. hörst" die Laute so, wie sie sie hörten, auf dem Papier

---

[1] Cf. Schuchardt, bed. Lautwandel S. 20.

fixirten, so sind auch im vorliegenden Falle diese mhd.
Schreibungen wie *foreht* etc. geeignet, uns über die gleichzeitige afr. Aussprache des Buchstaben *s* vor Consonanten
aufzuklären: cf. *forehtier* Lanzelot 1553 u. ö., besonders Reime,
die jeden Zweifel über die Aussprache beseitigen, wie *foreht :
sleht* Parz. 601, 10; *foreht : reht* ib. 548, 4; 737, 9; ebenso findet man oft *tschahtel* = afr. *chastel, schahtelân* = afr. *chastelain*,
später *schachtelân*; afr. *testiere* wird zu *tehtier* Nith. 27, 4;
Willeh. 412, 24 u. s. w.; *mehnie* Tristan 3257 etc.; s. mhd. Wörterbuch an den betreffenden Stellen; Grimm Gr. I, S. 352 (416).
Durch den Laut *h* also, wie wir ihn in mhd. *sleht, reht* haben, wurde das Verstummen von *s* vor Cons. im Frz. vermittelt.
Ob übrigens das Mor. in Job Fragm. (s. Förster, Gregoire lo
Pape S. 299 ff.) bisweilen an Stelle von ursprünglichem *s*
auftretende *h (raihnable* 352, 21, *ahnesse* 351, 29; 352, 20 [1])
u. s. w.) einen Versuch der thatsächlichen Aussprache in
der Schrift gerecht zu werden bezeichnet, erscheint mir zweifelhaft. Ich stimme vielmehr Diez a. a. O. bei, der das *h* in
diesen Beispielen für ein Dehnungszeichen hält, zumal da
dasselbe Zeichen in Wörtern auftritt, wo es nur letzteres
sein kann: *pertuihs* 357, 42; 358, 4; *faihs* 350, 8 etc. Wenn
daher die Aussprache *foreht, chahtel* etc. in afr. Denkmälern
nie durch die Orthographie bezeichnet wird, wenn wir vielmehr nur auf der einen Seite das der ursprünglichen Aussprache gemässe *forest, chastel* etc. auf der andern Seite das
jüngere *foret, chatel* haben, so ist dies kein Grund, um an der
einmaligen Existenz der angegebenen Bindeglieder zu zweifeln.

---

1) Solches *h* für *s* vor Cons. wird auch sonst noch in afr. Denkmälern angetroffen: P. Meyer, Documents manuscr. de l'ancienne littérature de la France (Paris 1871) führt S. 150 aus einer nordburgundischen Hds. (Oxf. Manuscr. Canonici 74) an: *acehmeie* = *acesmée,
mahnie* = *mesnie*; er fährt fort: „trait qui, je crois, n'a jamais été
observé dans aucun de nos anciens textes"; die Beispiele aus dem Liv.
de Job scheinen ihm somit nicht bekannt gewesen zu sein. Diez verzeichnet sie bereits Gr. I, S. 457 Anm. **).

Es kann nicht oft genug daran erinnert werden, dass die Orthographie nur einzelne springende Punkte der Lautentwicklung bezeichnet. Der Uebergang von *s : h* ist ferner auch lautphysiologisch durchaus unbedenklich, und er kommt daher auf den verschiedensten Sprachgebieten zahlreich vor. Einiges giebt Diez, wie wir sahen, schon an. Auf einige andere Beispiele des Wechsels von *s : h* macht Ascoli Studj critici II (Roma, Tor., Firenze 1877) S. 447 bes. Anm. 1) aufmerksam; cf. auch Archivio glott. ital. III, 34 f.; Schleicher, Compendium etc. S. 212, 213; bes. 213 Anm.

Nach alledem erscheint es mir unbedenklich und zweifellos erlaubt, für das Französische eine Lautentwicklung *forest : foreht : forêt, blasmer : blahmer : blamer* anzunehmen.

Was folgt nun hieraus für die Zeit, in welche Formen wie *foret* etc. mit völlig verstummten *s* zu setzen sind? Ein paar treffliche Bemerkungen über das Verstummen von *s* vor Consonanten machte jüngst W. Förster, cheu. as deus espees S. LI, Anm. *). Sein Endresultat ist, dass *s* zuerst vor *l, n,* vielleicht auch *m* verstummte (erste Hälfte des XII. Jh.), bis dieser Vorgang im Verlaufe der zweiten Hälfte dieses Jahrhunderts sich auch auf *s +* Muta ausdehnte und immer häufiger wurde. Diese Regel resultirte aus der Untersuchung der Qu. L. d. Rois und des Oxforder Psalter, hat daher einstweilen nur für das Normannische Gültigkeit. Für das Ostfranzösische scheint es in der That nöthig das völlige Verstummen von *s* etwas später anzusetzen. Wenn wir nämlich bei mhd. Dichtern aus dem Anfang und der ersten Hälfte des 13. Jahrh. z. B. bei Wolfram Reime wie *foreht : sleht : reht* etc. (s. o.) finden, und uns dabei erinnern, dass die Deutschen der damaligen Zeit wohl ihr Französisch von ihren nächsten Nachbarn, den Ostfranzosen hörten und lernten und demgemäss schrieben, so ist wohl der Schluss erlaubt, dass im Anfang des 13. Jahrh. *s* vor Consonanten ostfranzösisch noch nicht völlig verstummt war, dass vielmehr der das völlige Verstummen vermittelnde Laut *h (foreht)* noch gesprochen wurde: Erst im Verlaufe der ersten Hälfte des 13. Jahrh. scheint dann auch dieser Laut geschwunden zu sein. Zunächst auch ostfranzösisch vor *m, n, l*; cf. z. B. Moral. in Job Fragm. (Hds. aus dem Anfang des XIII. Jahrb., s. Förster S. VIII) *mimes* 307, 42; 327, 17, 30, 35, 40; 328, 24; 329, 24; 333, 15; 335, 25; 336, 19; 338, 5, 17 u. s. w.; *blament* 329, 35; 330, 7; 342, 6; *ramponnes* 329, 16; *melleiz (mesleiz)*; *delloies*; *ellist* (s. Diez Gr. I³ S. 456) etc., während es vor andern Consonanten noch steht: *esgard* 335, 33, 39; *nostre* 335, 42; *destroit* 336, 13; *chascuns* 337, 14; *estant* 339, 13 u. s. w. Für das Ostfranzösische (Burg.-Lothr.) würde also die Förster'sche Regel etwa dahin zu modifiziren sein, dass *s* vor Consonanten im Laufe des 12. Jahrh. zunächst die Lautung *h (foreht)* annimmt, dann im Laufe der 1. Hälfte des XIII. Jh. [zuerst vor *m, n* und vor *l*, etwas später auch vor den Muten] verstummte. Dieser letztern Zeit gehören auch unsere Urkunden an: Sie datiren meist aus dem zweiten Viertel des 13. Jahrh., also aus einer Zeit, wo ostfr. auch vor Muten *s* bereits stumm ist. Und da in so vielen andern Punkten der burgundisch-pikardische Vokalismus wie Consonantismus übereinstimmt, so liegt die Vermuthung nahe, dass dies auch im vorliegenden Falle Statt hat. *S* hat sich orthographisch in unsern Urkunden freilich meist noch erhalten: Dies ist ja oft der Fall, dass der Buchstabe sich erhält, während der modifizirte Lautwerth schon eine andere Bezeichnung erheischt: Dass *s* schon völlig stumm war[1]), also auch nicht mehr den vermittelnden Lautwerth *h* hatte, beweist speziell für die Sprache unserer Urkunden einmal das wenn auch nur vereinzelte Vorkommen von *coutre* (s. o.) statt *coustre*, andererseits der Umstand, dass sich *s* bisweilen fälschlich einge-

---

1) Um wie viel mehr noch in den Ch. du Ponthieu, die aus der zweiten Hälfte des 13. und ersten Hälfte des 14. Jahrh. stammen; cf., was ich in Bezug hierauf Jen. Literaturz. 1878, S. 163[b] gegen Raynaud S. 100 bemerkt habe.

schoben findet, an Stellen, wo es etymologisch gar keine Berechtigung hat, ein Vorgang, der allüberall im Altfranzösischen erst zu einer Zeit statt hat und statt haben kann, in der *s* völlig verstummt ist: *mosrist* XXI, 11, 15; *uesrount* VIII, 1; cf. Diez Gr. I³, S. 456; Förster, cheu. as deus espees S. LII, S. 392 Anm. zu V. 2108; Zs. f. d. österr. Gymn. 1874, S. 161.

Betreffs der Labialen bemerke ich zunächst den nicht seltenen Ausfall derselben vor Consonanten; den Ausfall vor *r* constatirt Förster auch im Cheu. as deus espees; s. S. LIV. Vor *r: aront* XXII, 35, 36; *aroient* XXI, 12 (cf. Oork. Holl. II, 722; *aroient* Doc. Bailleul XXIX); vor *n: Estenes* XIII, 14 (cf. *Esteuenes* IV, 2, 11 u. ö.; *Iouenes* V, 57); vor *m: nueme* III, 12; vor *l: meules* VI, 9; XV, 3; vor *t: cateil* VI, 9, 14; *setenbre* XIV, 10; XXVI, 25; vor *s: kies* V, 52, 71; XVII, 12; XXVII, 10; *saus* XXI, 18; XXIV, 8; XXIX, 21; XXXI, 18; XXXVII, 14.

Besondere Beachtung verdient in pikardischen Denkmälern immer die Behandlung des lat. Ausgangs -*abilis*, -*ibilis* : *paisiulement* XXXVI, 21; *paisiblement* XXII, 11; *paiaules* XXII, 42; *taillaule* XXXVII, 20. Haben wir hier -*iule,* -*aule* oder -*ivle*, -*avle*. Mit Recht hat sich Tobler, Dis dou vrai aniel S. XXXI für das letztere entschieden und an dieser Ansicht energisch festgehalten: Gött. gel. Anz. 1874, S. 1032. Auch Raynaud, S. 93, ebenso G. Paris, Romania VI, 617 stimmen ihm bei. Die Schreibung -*ivle,* -*avle* kann freilich wenig oder gar nichts beweisen, da *u* und *v* ganz promiscue bald den Vokal bald den labialen Consonanten bezeichnen (cf. *evt* IX, 12; *vnes* XLVI, 2; IV, 7; *v* VII, 12; X. 7 etc. und *auril* XXII, 45; *auenir* XXXV, 1). Das Nebeneinander von *paisiblement* und *paiaules* in derselben Urkunde XXII spricht für *vl* mit consonantischem *v*. Beweisend für ein -*ivle,* -*avle* mit cons. *v* sind auch wohl *yretavelement* Ch. d'Aire L, 6 und *paisivelement* ib. H, 23; ein -*vel* aus *vl* d. h. vokalisches *l* vor dem consonantischen (s. o. S. 64) konnte sich doch wohl nur bei vorhergehendem consonantischen *v* entwickeln.

Deutsches *w* wird durch *w* und nicht durch *gu* gegeben in *wage* XXVI, 5; *warandise* II, 19; XXXIX, 12; *werpie* III, 9; *werpirent* VIII, 5; *Waudine* XII, 1; *Wautiers* V, 23; XV, 1; XXII, 16; *Wasson* XXIV, 2; XXVI 8; *Warnier* XXI, 17; *Williame* XXXIX, 5; cf. auch *verpi* II, 9; *w* auch = lat. *v* in *uuendue* III, 3.

Im Uebrigen bieten die Labialen nichts Bemerkenswerthes mehr.

FLEXIONSLEHRE[1].

CONJUGATION.

Im Bezug auf die Verbalflexion sind unsere Urkunden sehr wenig ergiebig, da dem Character derselben gemäss (s. S. 8) fast immer dieselben Verba und Verbalformen wiederkehren.

Ueber Inf. wie *eschair* XXXIV, 8 s. o. S. 22.

Im Futur und Conditionel ist Erhaltung des *e* vor dem Infinitiv-*r* in Verbis der 1. Conjugation Regel (cf. Förster cheu. as deus espees S. LVII[2])): *cuiteroient* XXI, 13; *paieront* XXXVI, 25. Im Futur und Cond. der Verba, welche lat. 2., 3. und 4. Conj.[3]) entsprechen, ist jedoch der lautgesetzlich entwickelte Ausgang -*rai* etc. ohne *e*; $\bar{e}$, $\check{e}$, $\check{\imath}$ müssen nach dem Gesetz der Behandlung von tonlosem Vokal vor der Tonsilbe (cf. Darmestetter, Romania V, 140 ff.) ausfallen, wenn sie nicht durch gewisse Consonantengruppen davor geschützt

---

1) Vieles und wichtiges ist schon in der Lautlehre besprochen und vorweggenommen worden (z. B. die Stammabstufung in der Verbalflexion etc.). Es schien mir im vorliegenden Falle angemessen von der reinen Lautlehre möglichst wenig die angewandte Lautlehre, d. i. die Flexionslehre zu trennen. Im folgenden werde ich nur einiges wenige, was die Urkunden von Vermandois noch an Bemerkenswerthem aus der Flexionslehre bieten, nachzutragen haben. Alle einzelnen Flexions-Formen (des Verbums wie Nomens) zu verzeichnen hätte wenig Zweck und Nutzen.

2) Cf. Mussafia, Zs. f. d. österr. Gymn. 1877, S. 204.

3) S. 64, Zeile 2 steht aus Versehen bloss 3. Conj. statt 2., 3. und 4. Conj.

sind; cf. *uesrount* VIII, 1; *ueront* XX, 2; *verront* XXVI, 1; XXXVI, 2; XXXVIII, 1; *vauront* XXII, 41; *volroit* XXI, 15; *porroient* XXI, 12; XXXVIII, 11; *eskaroit* XIX, 12; — *rendra* V, 14; — *orront* XXXVI, 2; *tenront* XVI, 16; *tenrount* XLII, 7; *tenroit* XXI, 9; *terroit* XXXIX, 14; *tenroient* XXII, 26. Daneben finden sich nun afr. und besonders beliebt im pikardischen Dialect *-erai* etc., aber nicht mit Erhaltung des eigentlich dem Ausfall unterworfenen Vokals vor der Tonsilbe, sondern mit einem secundären, durch jenen dem *r* eigenen Stimmton erzeugten Vokal vor demselben (s. o. S. 64): *recheueront* XXXVI, 9 (*rechevera* Ch. du Ponthieu XXIII, 15; XXXI, 112; *devera* XXIX, 187); — *rendera* XXXVI, 10; *renderoit* VI, 14; X, 8; *renderoient* X, 12; *prenderoient* XVII, 10; *rabateront* XVI, 15; cf. Raynaud S. 114.

Präsentia wie *voist* XIX, 14, und *renc* L, 8 sind schon oben S. 53 und 104 f. erwähnt und besprochen, ebenso sind die nebeneinander vorkommenden Formen *sient* (VII, 6; XXI, 4 etc.) und *sieent* (III, 6), *pueent* (VII, 13 etc.) und *puent* schon in der Lautlehre genannt.

Den Schluss dieser wenigen Bemerkungen zur Verbalflexion möge ein Verzeichniss der starken Perfecta bilden. Ich nehme jedoch nur Rücksicht auf die einfache und sigmatische Flexion und sehe daher ab von den Perfecten auf *u* der halbstarken Verba (Diez Gr. II, 242), die gar nichts erwähnenswerthes bieten.

a. Einfache Flexion:

escai III, 5; *fist* IX, 11, 22; X, 22; XI, 15; XII, 7; XIV, 9; XV, 2; XVI, 21; XXIII, 9; *fisent* XVII, 13; XXXIII, 11; XXXIV, 10; *fizent* X, 20; *firent* XXIX, 4; *vint* XLV, 15; *auint* IV, 5; IX, 3, 17; XI, 5; XXV, 1; XXIX, 11; XXXI, 15; XXXVII, 16 u. ö.; *rauint* XXIX, 13; *venist* XV, 8.

b. Sigmatische Flexion:

dist XXXVIII, 4; XLIV, 6, 11, 16; XLV, 16; *eslist* XXVI, 8, 9; *mist* X, 3; *misent* VIII, 9; XVII, 2; XXVI, 7, 10; *promissent* XXII, 25; *prist* XI, 6; XLIV, 16; *prizent*

XVI, 3; *aquist* XXXIII, 2; *aquisent* IV, 6; XIV, 4; — *messist* XXVIII, 6; *vousisent* VII, 12.

Starke Participia:

a. Auf *-t: dis* XXII, 42; XXVI, 24; XXXVI, 18; *dit* XXXIII, 12 u. ö.; *deuandi* II, 14; *dite* XXXVI, 7, 12; *dites* XXII, 17, 25; *escrit* XIII, 2; *fait* I, 13; II, 26; III, 20; VII, 14, 17; IX, 10; XIII, 15 u. ö.; *faite* XVIII, 10; XXXIX, 17; *faites* XLII, 5 u. s. w.

b. Auf *-s: mis* XXXVIII, 9; *mise* V, 58; *aquis* II, 7; *aquise* VII, 2; *enquis* XLV, 1; *enquise* XXII, 30; *asises* XXII, 3.

DECLINATION.

Wenn FOERSTER Jahrb. XIII, S. 304 (Anm. 18) aussagt, dass in pikardischen Texten die ursprüngliche Declinationsregel meistens gewahrt ist, so hat dieser Satz doch keine absolute, sondern im Grunde nur eine auf die urspr. lat. 2. Declination beschränkte Gültigkeit. Für Nomina dieser Classe findet sich allerdings das ursprüngliche Verhältniss (Nom. Sgl. -*s*, Cas. obl. -, Nom. Pl. -, Cas. obl. -*s*) fast durchweg beobachtet. So denn auch in unsern Urkunden (cf. z. B. Nom. Sgl.: *cheualiers* II, 1; III, 2; XXVII, 2 etc.; *chascuns* IV, 10; *doiens* XXXVI, 1; *fix* V, 9 u. ö.; *moines* V, 46; XXX, 1; *Heruins et Tiebaus* XXVI, 13 u. s. w. Cas. obl. Sgl.: *chascun* XXXIII, 11; *cheualier* XXX, 5; *fil* I, 2 u. ö.; *Tiebaut* XXVI, 1 u. s. w. Nom. Pl.: regelmässig *li eskieuin* I, 1; III, 1; IV, 1 u. s. w. Cas. obl. Plur.: *eskieuins* I, 6, 12; III, 21; XL, 8; XLII, 9 u. ö.; *auns* I, 14; *deniers* II, 11; *jureis* XXXVIII, 3 u. s. w.).

Anders verhält es sich aber bei den Nominibus der

ursprünglich lat. 3. Declination (sowohl masc. wie fem.): Für diese hat in dem Dialecte unserer Urkunden (und so auch sonst überwiegend in pik. Denkmälern aus gleicher oder späterer Zeit) von der ersten bis zur letzten, also schon von Anfang des XIII. Jahrh. an, zumeist eine Assimilation des Nominativs an die 2. Declination stattgefunden; so zum grössten Theil auch in den chartes du Ponthieu; cf. Raynaud, S. 102 ff. Vor allen zeigen die Masculina mit wandelndem Accent schon sehr häufig ein durch solche Analogiewirkung der 2. Decl. hervorgerufenes ursprünglich nicht vorhandenes Nominativ -*s* im Sgl. [1]) (cf. Förster cheu. as deus espees S. LV): *sires* II, 1; XXXVI, 3; gegenüber regelrechtem *sire* III, 1, 8; XXI, 1; XLIII, 8; cf. Ch. d'Aire *sires* F, 1, 4; G, 3; H, 84 etc.; *sire* C, 1, 27; E, 17, 23 etc. (Der Accusativ lautet richtig *segneur* II, 23, 26; III, 5.) Ferner *maires* XVIII, 1; XIX, 1; XLV, 1, 3 (Acc. *maieur* III, 21); *coutres (custor)* XXII, 28 (Acc. *cousteur* ib. 4).

Lautgesetzlich entspricht dem lateinischen *frater, pater*, fr. *frere, pere*; ein *freres* s. IV, 3; XL, 2; *peires* XXXV, 10; *magister* gab *maistre* V, 13, 18, 24, 41, 42, dagegen *maistres* VIII, 1; cf. ferner Nom. Sgl.: *prestres* XXXIV, 2; XXXVI, 9; *parrastres* XLIV, 2 u. s. w., die alle in älterer Zeit das Nominativ -*s* im Sgl. entbehren; cf. z. B. Meister, Die Flexion im Oxforder Psalter S. 91 ff.

Aber die Analogie des Nominativ -*s* der 2. Declination erfasst nicht nur die Masculina der 3., sondern sogar auch die Feminina, die auf einen Consonanten oder betontes *e* ausgehen. Nom. Sgl. *maisons* IV, 9; V, 19; V, 73; XIV, 6; XXIX, 5; XXXVI, 27 u. ö.; *moities* XIV, 7; XLIV, 8; cf. G. Paris, Rom. VI, S. 618.

Von urspr. Neutris (cf. Meister a. a. O. S. 87 ff.) erscheint *kies* N. Sgl. stets mit *s* V, 6, 7, 52, 71; VII, 14; XVII,

---

[1]) Der Unterschied von Nom. und cas. obl., insofern er auf ursprünglich verschiedenem Accent beruht (*sire:segneur*), bleibt natürlich (und noch lange) bestehn.

12; XXVII, 10 etc.; cf. ferner *iretages* X, 14; XLV, 15; *mariages* XLIV, 9. — Zum neutr. *voirs* XXX, 7 cf. Cheu. as deus espees˙S. LV.

In gleicher Weise wie im Sgl. hat auch im Plural Angleichung an die 2. Declination stattgefunden: cf. *li homme* (N. Pl.) XXII, 19, 21, 31; *si successeur* XXXVI, 9; *si oir* III, 16; VII, 12 u. s. w.

Beachtenswerth ist die alterthümliche Behandlung der Eigennamen urspr. 1. und 2. lat. Declination. In unsern Urkunden findet sich nämlich mit ganz geringfügigen Ausnahmen einerseits ein Nom. ‿*e* und cas. obl. ‿*ain* (= lat. Nom. ‿*a* und Acc. ‿*am*), andrerseits ein Nom. ‿*s* und cas. obl. ‿*on* (= lat. Nom. ‿*us* und Acc. ‿*um*) geschieden. Bekannt ist die Ansicht, welche G. Paris, Étude sur le rôle de l'accent latin dans la langue francaise S. 45 ff. äussert. Derselbe zieht die Herleitung von ‿*ain* und ‿*on* aus den lateinischen Accusativformen ‿*am* und ‿*um* in Zweifel und sieht vielmehr in ‿*ain* eine Diminutivform, in ‿*on* eine Analogiewirkung und Verwechslung mit der Endung ‿*on* der 3. Declination *(Hues, Huon)*. Gewiss mit Recht hat sich Diez in seiner Recension der Paris'schen Schrift gegen diese vom Verfasser freilich sehr geschickt und umsichtig verfochtene Lehre gewendet, und ich glaube, dass G. Paris selber gegenüber Diezens Erörterungen Jahrbuch V, S. 411 seine Ansicht wird wieder fallen lassen haben.

Die Beispiele aus unsern Urkunden sind folgende:

1. Declination.

Nom.: *Ade* I, 2, 7; III, 12; VII, 2, 8; IX, 14, 17; XXXII, 9; *Asseline* XXIX, 2; *Berte* XIII, 13; *Eue* XVII, 8, 10; *Hese* X, 12; *Heisse* II, 3, 7, 9, 21; *Lusse* XIII, 14; *Marge* XLIV, 6, 11; *Maroie* XIV, 2; XXXVII, 9; XLV, 10.

Cas. obliquus: *Adain* III, 4, 10; V, 25; IX, 8; XXXI, 2; XXXII, 4; XXXII, 13; *Asselinain* XXIX, 12; *Bertain* XIII, 11; *Euain* XVII, 3; *Gilain* XXIX, 6; *Hessain* XI, 9; XXX, 2; *Heudain* XIV, 9; *Lussain* XIII, 5, 7; *Margain* XXXIX, 6;

XLIV, 3; *Marien* XX, 11; XXX, 2, 4, 7; XXXI, 11, 17; XXXVII, 3, 18, 32; *Wedain* XXIII, 4; XXV, 3.

Von sonstigen Nominibus der 1. Declination unterscheidet *ante* in obiger Weise zwei Casus: Nom. *ante* XVI, 14; Cas. obl. *antain* XVI, 3, 12.

2. Declination.

Nom.: *Esteuenes* IV, 5; XIII, 2, 6, 11; *Estenes* XIII, 14; *Phelipes* V, 71 (*Felipe* V, 56); *Pierres* V, 3, 22, 53; XIV, 1; XXIX, 1; XXXVII, 9; XXXVIII, 1, 8; XL, 2; XLI, 3, 5; XLV, 3; *Rogenes* V, 32.

Casus obliquus: *Esteuenon* XIII, 4, 7; XXXIII, 2, 4, 7; *Francoun* V, 9, 72; *Gillon* XXIX, 7; XXXVIII, 3, 12; *Jakemon* XVI, 21; XXIX, 8; *Otroun* V, 19; *Perroun* V, 10, 25, 36; *Peron* VII, 15; XXIV, 5; XXVI, 3, 21; XXXVII, 2; XLI, 2; XLV, 6, 19; XLVI, 1; *Rogenon* V, 31.

Wir sehen also im pikardischen Dialect von Vermandois in der ersten Hälfte des XIII. Jahrh.s die ursprüngliche Scheidung zwischen Nom. und Casus obliquus der Eigennamen in voller Kraft. In den Chartes du Ponthieu (2. Hälfte des XIII. Jahrh.s) ist diese Scheidung bereits fast ganz aufgegeben (s. Jen. Literaturz. 1878, S. 163[b]), und der Nominativ — bei der 2. Declination natürlich mit Verlust des *s* — siegt und vertritt beide Casus. Einige Male kommt dies auch schon in unsern Urkunden vor, doch immerhin im Verhältniss zu obigen Beispielen selten: So treffen wir als cas. obliquus:

1. Declination: *Emmeline* XXXVII, 26; *Eue* XXII, 13; *Margerite* XXVII, 6; *Maroie* IV, 8; IX, 5; XLIV, 1, 4; XLV, 3, 7.

2. Declination: *Esteuene* XI, 4; XIII, 12; XXXVI, 8; *Jakeme* XXXVII, 4; *Lazre* V, 7, 8; XVII, 12; XXI, 8; XXVIII, 5; XXII, 18, 21, 23, 33; *Pierre* V, 20; XXII, 12.

Ich glaube, es darf der Umstand nicht unerwähnt bleiben, dass von den letztgenannten Beispielen, die bereits die jüngere Sprachstufe mit dem Aufgeben der ursprünglichen 2. Casusformen repräsentiren, weitaus die meisten Eigen-

namen sind, die auch als Heiligennamen vorkommen:
Margerite, Maroie, Esteuene, Jakeme, Lasre, Pierre. Als Heiligennamen wurden sie oft und häufig in Ausrufen, Anrufungen, Gebeten etc. gebraucht und dann natürlich in dem der Form nach vom Nominativ ununterschiedenen Vocativ. Daher prägte sich bei diesen Namen Gestalt und Lautung des Nominativs am stärksten dem Gedächtniss ein, dergestalt, dass bei diesen Namen zuerst vor allen andern ein Schwinden jener ursprünglichen Accusativformen auf *-ain* und *-on* beobachtet wird.

Ich komme zum Artikel. Der masc. Artikel bietet zu keinen Bemerkungen Veranlassung, wohl aber der femin., der bekanntlich im pikardischen Dialect eine eigene Gestalt annimmt. Ich kann über diesen Punkt jetzt kurz auf die, wie mir scheint, abschliessende Auseinandersetzung hierüber von G. Paris Romania VI, S. 617 ff. verweisen: *la* (Nom. und cas. obl. Sgl. des fem. Art., Acc. des fem. Pron. pers. 3. P.) wurde im Pikardischen gleich wie *ma, ta, sa : le (me, te, se).* Da das Femininum somit im cas. obl. mit dem Masc. schon zusammenfiel, so wurde durch Wirken der Analogie bisweilen auch der masc. Nom. Sgl. *li* in das fem. Artikel-Paradigma übertragen, so dass wir in einigen pikardischen Mundarten auch im Fem. Sgl. Nom. *li*, cas. obl. *le* erhalten, was sich freilich nach Gegenden wieder verschieden verhalten kann. Das aus dem Masc. übernommene *li* als fem. Nom. kommt übrigens nicht bloss pikardisch, sondern über das ganze ostfranzösische Gebiet verbreitet vor; cf. Förster, Zs. f. d. österr. Gymn. 1874, S. 136. Auch in unsern Urkunden von Vermandois kommt durchweg *li* als Nom., *le* als cas. obl. des Fem. vor.

li = Fem. Nom. Sgl. findet sich V, 10, 19, 43, 53, 58, 73; XX, 1, 3, 4; XXI, 8; XXII, 7; XXV, 1; XXVI, 5, 14; XXVIII, 1; XXXV, 2, 5; XXXVI, 19, 26; XXXVII, 28; XLIV, 11, 18, 19; XLV, 10, 11, 14.

le = Fem. Cas. obl.: I, 3, 4, 5, 6, 7, 11; II, 12, 16,

25; III, 12; IV, 8, 9, 11, 16; V, 6, 21, 28, 39, 44, 50, 59, 61, 65, 68, 69; VI, 12, 14, 18; VII, 3, 5, 6 u. s. w. *le* als fem. Nom. Sgl. ist mir nirgends aufgestossen; zweimal steht *la*, einmal XXXV, 3 als Nom., das andere Mal IV, 13 als cas. obliquus. Wichtig ist in Betreff des pikardischen fem. cas. obl. *le* (= *la*) die Frage, ob dasselbe mit vorhergehenden Präpositionen etc. zusammenwachsend sein *e*, wie das masc. *le*, verlieren kann oder nicht; cf. hierüber die lehrreichen Bemerkungen Toblers, Göttinger gel. Anzeigen 1874, S. 1034 ff., denen auch G. Paris Romania IV, S. 479 (mit Zurücknahme der Anmerkung Rom. II, S. 4) beistimmt: gewöhnlich sind *de le* (= *la*), *a le, en le* etc. uncontrahirt und *le* hat vollständigen Silbenwerth; doch ist Contraction zu *del, al, el* etc. nicht unerlaubt.

Im XIII. Jahrhundert, von welchem an man contrahirte Formen des *le* (= *la*) trifft, sind dieselben jedoch noch ganz vereinzelt. Bei einer Durchmusterung einer grossen Zahl von datirten pik. Urkunden dieses Jahrhs. aus verschiedenen Gegenden (Vermandois, Ponthieu I—XXV = 1254—1295, Aire, Flandern = Oork. Holl.) fand ich durchaus uncontrahirte Formen (*de le, a le, en le*) und nur ein ganz vereinzelte Beispiel (s. u.) von Verlust des *e*; es besteht somit ein Unterschied der Zeit nach. Ch. du Vermandois:

De le: de le terre: I, 6, 12; III, 13; V, 6, 16, 39, 61, 65; IX, 10; XI, 15; XIV, 9; XXI, 16; XXXIX, 15; *de le maison* I, 8; XI, 4; XII, 5; XVII, 9; XXI, 13, 17; XXII, 9; XXXII, 5; XL, 7; XLIV, 2, 12; *de le grant maison* IV, 9, 11; *de le leur* I, 8; *de le uile* VI, 12, 14, 18; VIII, 9; XXXVII, 20; XXXVIII, 9; *de le rue* VII, 3; *de le uiscontee* XVIII, 3; XXVIII, 8; XXXV, 6; XLII, 10; XLIII, 7; *de le siue* XXIX, 4; *de le capele* XXXII, 2; *de le dite paroche* XXXVI, 7; *de le crestiente* XXXVI, 15; *de le dite demande* XXXVI, 28; *de le warandise* XXXIX, 12; *de le moitiet* XLIV, 14. — **del** *dite maison* XXXVI, 25.

A le: a le *feste* II, 12; a le (sc. *feste*) St. *Jehen* I, 11; VII, 11; IX, 20; XVI, 8; *a le Saint Remi* XXXIX, 8; *a le tere* VII, 5; *a le Grant Ostelerie* VIII, 2, 5; *a le justice* XIII, 15; *a le maison* XIV, 6; XXII, 8; *a le mere* XLV, 7; *a le reste* XXXII, 7; *a le siue* XL, 16; *a le tenance* XLIV, 15.

En le: en le *rue* I, 3; V, 28; VII, 6, 20; X, 20; XI, 3; XIV, 5; XXXVI, 7; XXXVII, 4; XLIV, 13; *en le Griance* IV, 2, 14; XXIII, 5; *en le goutiere* IV, 11; *en le justice* VIII, 9; *en le renge* XI, 4; *en le uisconte* XVI, 10; *en le maison* XXII, 22, 33; *en le ville* XXII, 23; *en le fin* XXXVI, 22; *en le greuance* XXXVIII, 11; *en le tenure* XXVI, 22.

Ebenso Ch. du Ponthieu [1]):

De le: de le *Volente* XVI, 5; XVII, 3; XVIII, 4; XXI, 4; *de le Saint Martin* XVII, 8; *de le dite demisele* XXII, 11; *de le dite Jehan* XXII, 27; *de le taillie* XXV, 44; *de le mare* I, 13; *de le terre* IX, 10; *de le capelerie* XII, 19, 20, 48; *de le maison* XII, 20; *de le warde* XIV, 15; *de le vile* XVII, 11; XXIII, 17, 32; XXIV, 9, 17, 26; *de le Bare* XXIII, 13; *de le nativite* XXIII, 35; *de le miue* XXV, 17.

A le: a le *maison* I, 6; *a le priere* XV, 12; XXI, 27; XXV, 62; *a le tere* I, 12; XIX, 5, 6, 7; XXI, 12; *a le requeste* XV, 3; XVIII, 15; XX, 3, 10; XXI, 27; *a le St. Remi* X, 19; XIX, 13; *a le devant dite abeesse* X, 27; *a le crois* X, 9; *a le viese taille* XIII, 10; *a le nativite* XXV, 25; *a le devant dite glise* III, 13; *a le maison* I, 11.

En le: en le *vile* XXII, 6; *en le rue* II, 5; XI, 4; *en le capele* XII, 6; *en le fourme et en le maniere* XV, 13; XXV, 51, 66; *en le cauchie* XVI, 22; *en le presence* XX, 13; *en le main* IV, 13.

Die Ch. d'Aire dulden ebenfalls keine Contraction des femininen Artikel *le* mit den Präpositionen *de, a, en;* cf. Nat. de Wailly, Bibl. de l'École des Chartes XXXII (1871) S. 293.

---

[1]) Raynaud berichtet S. 110 mit keinem Worte, wie sich die von ihm untersuchten Ch. du Ponthieu in Bezug auf den vorliegenden so wichtigen Punkt verhalten.

Endlich ebenso die grösstentheils flandrischen Urkunden aus dem XIII. Jahrb., welche das Oork. Holl. II. bietet. Ich setze die Jahreszahl in Klammern bei: *De le: de le terre* 480 (1283), 666, S. 293^b (1289), 788 (1291); *de le dite tierre* 666, S. 293^b (1289); *de le assumption* 612 (1287); *de le incarnation* ib.; 666 (1289) S. 294^a; *de le Maelstede* 695 (1290); *de le Thyephane* 846 (1293); *de le trieve* ib.; *de le Candeler* 1053, § 12 (1299). *A le: a le feautei* 666, S. 294^a. *En le: en le forme* 479 (1283); *en le forme et en le maniere* 788 (1291); *en le conte* 505 (1284); *en le terre* 612 (1287); 1090 (1299); *en le partie* 666, S. 293^a; *en le hale* 695 (1290); *en le persone* 1053, § 4 (1299).

Unter diesen zahlreichen Beispielen von nicht contrahirten *de le, a le, en le* tritt uns nur ein einziges Mal in den untersuchten Urkunden ein Fall von Contraction entgegen: *del dite maison* Ch. du Vermandois XXXVI, 25 [1]).

Eine weitere Frage ist die, kann *e* von *le* (= *la*) vor nachfolgendem vokalischen Anlaut elidirt werden? Für die Ch. d'Aire constatirt N. de Wailly die Nichtelidirbarkeit des *e*; cf. Bibl. de l'École des Chartes XXXII, 293. Auch in den flandr. Urkunden des Oork. Holl. treffe ich *de le assumption* II, 612; *de le incarnation* ib.; II, 666, S. 294^a u. s. w. Doch nicht durchweg: *del* (= *de l'*) *incarnation* II, 480. Die Ch. du Vermandois haben jedoch durchweg Elision: *del* (= *de l'*) *eglise* XXII, 4; *a l'iglise* V, 14; *par l'iglise* V, 15; *pour l'eglise* VII, 15; *l'autre moitie* IX, 5; *l'autre partie* XXVI, 20; XXXVI, 19; *a l'une partie* XXVI, 20; *del* (= *de l'*) *eskaance* XIV, 7; *de l'atre* XXII, 13; *del* (= *de l'*) *incarnation* I, 14; XIII, 16 u. ö. — Auch die Ch. du Ponthieu elidiren *e: de l'incarnation* I, 15; III, 14; IV, 28; V, 22; VII, 31 u. ö.

---

1) Die uncontrahirten Formen haben sich übrigens in Eigennamen wie *Delepierre, Delerue* etc. bis auf den heutigen Tag erhalten; cf. G. Paris, Romania VI, 614.

l'une partie II, 11; *de l'eglise* XX, 29; XXII, 5 u. s. w. Es besteht somit ein Unterschied dem Orte nach. — *Li* als fem. Nom. wird natürlich nie elidirt: *li autre dicee* XX, 4; *li une piece* XX, 3; *li une partie* XXV, 14 u. s. w.

Wie in *le* (= *la*), so ist auch in *me, te, se* (= *ma, ta, sa*) in der Sprache der Urkunden von Vermandois das *e* elidirbar: *s'ante* XVI, 14; *s'antain* XVI, 12; cf. *m'ante* Ch. du Ponthieu XXV, 59; *m'antain* XXV, 16; die Ch. d'Aire gestatten auch hier keine Elision; s. N. de Wailly a. a. O. S. 297 Anm. 1).

Was sonst aus dem Gebiete der pronominalen Flexion (und Declination überhaupt) erwähnenswerth war, ist schon in der Lautlehre erledigt: über *mi* (= *moi*) s. S. 22, über *man* (= *mon*) etc. S. 63, *sius* S. 42 u. s. w.

www.ingramcontent.com/pod-product-compliance
Lightning Source LLC
Chambersburg PA
CBHW021918180426
43199CB00032B/527